JN062560

ありがとう、アミ。

『アミ 小さな宇宙人』ファンブック

THANK YOU
AMI
FAN BOOK

ありがとう、アミ。

はじめに

本書は、2017年4月8日に行われた奥平亜美衣さん著『小さな宇宙人 アミの言葉』（ヒカルランド）刊行記念セミナーの内容をほぼまるごと第一部にて紹介しております。

第二部では、同書にて募集した、読者のアミにまつわるお話、「AMI Your Story」に寄せられた読者さまからのお手紙やメール、そして、20年以上前に新装丁にて出版された『アミ 小さな宇宙人』（徳間書店）シリーズ3部作の読者さまより、当時いただいたファンレターの一部をその方の現在のご様子とともに紹介しております。

第三部では、２００２年に出版されました『エンリケ・バリオス　アミの世界』（徳間書店）の内容を一部再編し、載せております。

目次

第二部　みんなのアミストーリー～読者編～

第三部 『エンリケ・バリオス アミの世界』(徳間書店)より

装丁 森瑞
本文仮名書体 文麗仮名(キャップス)

第一部

『アミ誕生30周年　次の世界へ あなたを運ぶ
小さな宇宙人 アミの言葉』（ヒカルランド）刊行記念セミナー

2017年4月8日

SCHEDULE

◉ ご挨拶

◉ あなたも『アミ』に会おう！
誘導瞑想

※ アミのオーディオブック（朗読 CD）を
聴きながらの誘導瞑想

◉『アミ』にまつわるエピソード！

◉『アミ』からメッセージをもらおう！

◉ みんなのアミ エピソード！ & 質疑応
答タイム

「アミを語る会」が実現！

奥平 皆さん、こんにちは。奥平亜美衣です。きょうは天気も悪くて、ちょっと寒い中、お越しいただきましてありがとうございます。

ここでアミのイベントをしていることが本当に信じられないような思いです。私にとって、アミとの出会いはすごく大事です。本日ご一緒させていただく曽根さんとは、アミのつながりの中で、私が本を書くもっと前に出会っており、きょうこうしてイベントを一緒にさせていただくことになりました。よろしくお願いいたします。（拍手）

曽根 曽根史代と申します。「アミプロジェクト」の代表をしております。さっき（セミナー開始前に司会より）ご紹介いただいた中で「セラピスト龍依〜Ｒｏｙ」という名前もあがっていたと思います。その名前でも本を書かせていただいているのですが、そちらの本ですとか、スタジオのほうに足を運んでくださったり、ブログを読んでいただいている方には「龍依~Ｒｏｙ」という名前のほうが親しみがあるかもしれません。本名は曽根史代と申します。

「アミプロジェクト」の活動を始めてから、もう10年以上がたちました。実はきのう、きょうはどんな会になるかなということでアミと対話をしました。アミも楽しみにしてくれていましたし、私自身も楽しんで参加させていただきたいなと思っております。

きょうはアミ好きな人ばかり集まっているんですよね。アミが嫌いな人——いませんね。「はい」とか言われても困るんですけれど（笑）。アミ好きの人ばかり集まって

奥平亜美衣さん著

曽根史代（龍依〜Roy）さん著

くださっていると思いますので、ぜひアミと一緒にいるような気分になって楽しんでいただけたらなと思います。よろしくお願いします。(拍手)

奥平 早速、瞑想のほうから入らせてください。

――朗読CDが流れる――

曽根史代さんによるアミに会う誘導瞑想(約30分)

奥平 皆さん、どうでしたか。私、今日初めてこちらを体験しました。私はイメージとかが見えてくるほうではないのですけど、完全にここじゃないどこかにいた感じがしました。

曽根 よかった。アミが来てくれていました。

奥平 そうなんです。びっくりしました。

曽根 ありがとうございます。皆さん、どうだったでしょうね。また後で聞きますね。

奥平 アミとの出会いや、いろんなことをシェアできたらと思います。

ここでもう1人ゲストを呼びたいと思います。皆さんきょうはヒカルランドパーク（現イッテル本屋・セミナー会場）に来ていただいているのですけれども、ヒカルランド社長の石井さんです。（拍手）

石井　初めまして。ヒカルランドの石井と申します。よろしくお願いいたします。

奥平　石井さんを知っている方、いらっしゃいますか。

石井　きょうは完全アウェーです。ヒカルランドパークに来てくださるいつものお客さんとまったく違うので、緊張してしまいます。本当にありがとうございます。

奥平　実は石井さんは、ヒカルランドをつくる前に徳間書店にいらっしゃって、そのときに『アミ 小さな宇宙人』を日本に紹介したというか、日本でこの本をつくった編集者の方なんです。つまり、石井さんがいなければ、皆さんもアミに出会うことはなかったんです。

生きる基準を「愛」に変えたアミとの出会い（奥平亜美衣さんの場合）

奥平　私とアミとの出会いをお話しします。

２０１０年、７年ぐらい前になります。もちろん本は書いていないし、ブログも始めていないときです。当時は普通の会社員で、スピリチュアルの「ス」の字も知りませんでした。もう32～33歳になっていましたが、私はかなり普通に生きてきて、昔から何か能力があったとか、いろんな不思議なことを体験したとか、そんなことはまったくありませんでした。普通の家庭の普通のお父さんとお母さんのところに生まれて、「ちゃんと勉強して、いい大学に行って、ちゃんと世の中のために働くことがいい人生だよ」という価値観の中で普通に育ったんです。ただ、結構早いころからそれに疑問を感じていました。疑問を感じつつ、「でも、まぁそうなのかな」みたいな感じで普通に大きくなっていって、世間でいいとされていることを目指して生きていたのです。

大学生になると、周りのみんなは就職活動をバリバリして、いい会社に決まっていきました。だけど、私はそれにどうしても疑問を感じてしまって、就職活動をまともにしていなかったんです。その後、親には申しわけないと思いつつ、自分のやりたいことをやるために一歩踏み出して、海外に行ったりもしました。でも、本当にやりたいことって何だろう、生きているって何だろうということに対しての答えは得られないまま、30歳を過ぎて世間的に結婚するような年齢になって、たまたま相手がいたから結婚してという人生を送っていたのです。

就職活動はしなかったのですけれども、20代後半ぐらいになって、当時は世間一般的な常識の中で考えていたので、さすがに仕事をしないとまずいだろうということで、会社員になりました。スピリチュアルの「ス」の字も知らないし、本当に何も知らなかったんです。それが、会社員をして、「何のために働いているのか」とか「人生ずっとこのままなのか」といった、疑問がどんどん大きくなってきて、そんなときに出会ったのが、『アミ　小さな宇宙人』だったのです。

どうやって出会ったかというのは、実ははっきりと覚えていません。何か別の本をアマゾンで見ていたときに、レビューで誰かがアミのことを書いていて、そこから『アミ　小さな宇宙人』のページに飛んで、そこのレビューを見たときに、「これは読んでみよう」と思って買ったのが最初だったと思います。読むと、最初のほうに「神は人間のかたちをしていない（中略）かぎりなく純粋な愛だ……」というふうに出てきます。そこでいろいろなことが氷解したんです。

私は日本で無宗教で育った身ですけれども、あるときインドネシアに行くことになりました。インドネシアはイスラム教徒がほとんどでした。ただ、私が住んでいたバリ島にはヒンズー教徒が多くいて、ほかの島にはキリスト教徒もいました。私はインドネシアで少し働いていたのですけれども、当然職場にはいろんな宗教の方がいました。そのころから「何で日本人の私は宗教がないのだろう」という疑問を抱きまして、「宗教とは何だろう」と、わからないなりに考えていました。インドネシアでは宗教ごとに行事とか休みが違います。宗教が生活のベースで、日本人にはよくわからない世界です。会社の休みはその人の宗教によって違うわけです。食べてはいけないものとか、いろいろな習慣も違っていました。向こうは生活のベースがすべて宗教だったのです。

この本『アミ 小さな宇宙人』で「神というのは愛なんだよ」というのを読んだときに、はっきりわかったわけではありませんでしたが、「ああ、そうか」という感じで、「宗教というのは、結局、愛なんだ。いろんな宗教があるけれども、もとはすべて同じなんだ」ということが急にわかったんです。

アミに出会って、私の中で大きく変わったことの1つは、肉を食べなくなったことです。この本『小さな宇宙人 アミの言葉』では、お肉に関する記述はわざと外しましたが、私自身は『アミ』を読んだ次の日からお肉を食べなくなったんです。それまでは、普通に生きていて、普通にお肉を食べていました。インドネシアでは、イスラム教の人は豚が食べられないとか、ヒンズー教の人は牛肉がだめとかいうことがあるのですが、誰に聞いても「宗教がそう言っているから」という答えしか返ってきませんでした。何でなのかはわからないけれども、「そういうのがあるんだな。でも、私には関係ないな」と思って過ごしていました。

『アミ 小さな宇宙人』の中には、「肉はウシの死骸さ」という一文が出てくると思いますが、それを読んだときに、「この肉はだめ。あの肉はだめ」ではなく、肉はだめなんだ、肉は動物なんだというところで、今までの外国での経験が全部つながってきたのです。今は肉を食べたらだめとかはまったく思っていません。食べてもいいと思うのですけれども、この一文で、進化した人が肉を食べなくなるという感覚はわかるようになりました。

愛が何かというのは、読んだ当時は、まだわかりませんでした。だけれども、それを考え始めたことと、愛に従って生きていくことが進化なんだという1つの基準ができました。それまで世間一般の基準で生きてきたところに、アミに出会って、「愛とは何なのか」ということの自分なりの答えを少しずつ出していくことが、1つの生きる基準、行動の基準になることがわかりました。それがアミに出会って変わったことです。

アミの本は衝撃でした。読んですぐに1巻を文庫本で20冊ぐらい買って、友達とかに配りました。無理に広げようとしたわけではありませんが、「これが広がったらいいな」という思いは持っていて、いろいろ探すうちに「アミプロジェクト」に出会ったんです。それを主宰されていたのが曽根さんです。

曽根　「アミと出会う」「アミとミーティング」という意味で「アミーティング」というイベントをしていたときがありまして、そのときに来ていただいたんです。

変容をもたらしたアミとの2度の出会い（曽根史代さんの場合）

曽根　私が「アミプロジェクト」を始めてから10年以上たちます。私のアミとの出会いをお話しします。

私はアミとは2回出会っています。1回目は普通に本で出会いました。これもちょっと不思議というか、偶然とは思えない必然の出会いだったりします。今日はその部分は割愛しますが、アミの本を読んだときに、「ウワッ、すごい。これ、私の母に読んでほしい」と思ったんです。なぜかというと、母はそのころ、急に耳が聞こえづらくなったんです。突発性難聴とはまた別の、原因不明の難聴で、すごく落ち込んでいました。私は「これを読んだら、きっと元気になるに違いない」と思って、母に「これ読んで」と言いました。でも、想像してみてください。すごく元気だったのに、いきなり耳が聞こえなくなると、やっぱり落ち込みますよね。ですから母も、すぐには読めなかったのですが、しばらくして、急に「やっぱりあの本が読みたい」と言ってきて、1晩か2晩で、すごいスピードで3巻全部読んでしまいました。

母は、すごい勢いで私のところに来て、「なんてすばらしい本なの!!、映画にして！アニメにして！」と言ってきたんです。私は「いいアイデアだけれど、私じゃなくて、もっと名のある人やお金がある人がやってくれるよ。こんなにいい本だもの」と言いました。だけど、母は鋭い一言を言うのです。「この本は20年前に書かれたんだよ。それでもまだ誰も映画にしていないのでしょう?」と。確かにそうです。私は子ども向けのテレビ番組の制作などをしていたので、制作現場を知っていれば知っているほど、映画をつくることがどれだけ大変なことかわかっていたので、「いやいや、私じゃなくてね」と言っていたのです。でもその後、「やらなきゃだめでしょう」「いつやるの」そういうシンクロがどんどん起きてきたんです。それでようやく、私に何かお役目があるのだったら、できることからさせていただこうと思って、やっと重い腰を上げたんです。それが「アミプロジェクト」のスタートでした。

それが1回目の出会いです。

2回目の出会いの前に、著者のエンリケ・バリオスさんに連絡をとったのですが、そのときに、すぐに「やりなさい」という返事をいただきました。詳しいことは割愛しますけれど、それですごく勇気をもらったのです。でもそのときに「アミのプロジェクトを何かしようとすると、いろんな妨害が入ったり、大変なことがあるよ。だから気をつけて」と言われました。妨害と言っていいのかわかりませんが、確かにおおやけに話せないようないろいろなことがありました。今は笑って話せますけれど、傷つくこともすごくたくさんありました。だからといって、アミの世界と正反対の気持ちでアミプロジェクトの活動をするのは、ちょっと違うと思っていました。

そこで、私は自分の心を整えたいなと思って、自宅の近くにある公園に毎朝、散歩に行きました。そこは、アミの本の中にも登場する「アトランティス」時代の気が広がっているところなのです。そこでいろいろなプラーナ（宇宙エネルギー）をたくさん受けとっているうちに、散歩に行く時間がどんどん早くなっていきました。最初は8時くらいに出かけていたと思いますが、公園に行くために朝起きるのがだんだん喜びに変わってきて、朝はそんなに得意なほうではないのに、7時になり、6時になり、5時になり、最後は4時になったんです。薄暗いし危ないじゃないのと言われましたが、そのころはまだ季節的に明るいときだったので大丈夫でした。毎朝のように出かけて宇宙エネルギーを受けとっていたら、いろいろな植物の声などがどんどん聞こえ始めたんです。

私はそのころ瞑想やヨガなどはまったく知らなかったのですが、勝手に体が動いて、瞑想ヨガをしたり、自然や植物、体の声と対話するようになりました。

そのころ、アミと再び会いました。きょうも誘導瞑想で皆さんのところにアミが来てくれましたが、私が瞑想していたときにもアミが宇宙船からおりてきて、私の肩ごしにピタッと寄りそったのです。「あれ、アミが来た」と気づいたときには、アミが私を連れて自分の宇宙船に上っていったんです。アミと一緒に宇宙を見て、言葉も交わして帰ってきたという経験をしました。

　ところで、アミの本の中に「動物の死骸を食べるなんて!!」というお話が出てきますね。ちょっと伺いたいのですが、アミの本のそのくだりを読んで、「私も実はそれ以来食べられない」とか「2、3日ぐらい食べられなかった」とか「食べてはいるけど、何か思うところがあった」とか、何かしら影響があったという方はどれぐらいいらっしゃいます？

――（会場で受講者たちが手を挙げる）――

　やっぱり結構多いですね。私の場合は、アミと会って以来、植物との対話がますます活発になって、見えないものが見え始めて、そのうちに、何とお肉が食べられなくなりました。自然とそうなったのです。テリからスワマに変わったような感じですね。私はテリのように狂暴ではなく普通でしたけれど（笑）、急に「あれ？ 私、お肉食べられないな」と体と心で思ったのです。そのうち、マグロなどの大きいお魚が食べられなくなりました。しばらくすると、中ぐらいのお魚まで食べられなくなりました。またしばらくすると、小魚も食べられなくなりました。そのうちに、何にも食べないほうが元気だなと思って、1カ月くらい食べないこともありました。でも、元気なのです。

奥平　断食ですか。

曽根　意識して断食していたわけではないのですが、私は食べないほうが元気でいられるなと思えて食べなかったのです。早朝の瞑想ヨガでプラーナ（宇宙エネルギー）をいっぱいもらって、それが栄養になっているので、食べなくていいんです。本当に元気でした。でも、人間だから、食べないとちょっと痩せてくるんです。そうすると、心配されて、余り痩せ過ぎるのもよくないし、コントロールして食べようかなということで、最初は野菜や果物から食べ始めて、小魚も少しいただいて、今は焼き魚などでしたら一応食べられます。あまり大きいお魚じゃないほうがいいですね。お刺身などは、どんな魚も絶対無理です。食べたらトイレと仲よしになっちゃう。もちろんお肉はすべて無理です。それは本当に変容です。アミとの出会いによって、心と体の次元が変容したのですね。
そんな2回目のアミとの出会いでした。

石井さんとの出会い

曽根　私は、エンリケ・バリオスさんから、石井さんを紹介してもらいました。石井さんと初めてお会いしたのが、おそらく11〜12年前です。石井さんは、そのときすでに、出版社の編集長です。私は独立して制作会社を始めていたのですけれど、いくらエンリケさんからの紹介とはいえ、まだ若いただの女性です。やはり、それなりに緊張しているわけですね。ところが、石井さんは、私と目が合うなり、「曽根さん、曽根さん、こっちこっち、おいでおいで」と親しい友人のように迎えてくださったんです。「私、この人のことを前から知ってた?」という錯覚を起こすくらい、すごく気さくに受け入れてくださったのです。アミの本を日本語で出版するまでにもいろいろなことがあったと聞きましたが、そんな石井さんだからこの本が出せたのじゃないかなと思ったのを今でも記憶しています。

奥平　私が石井さんに出会ったのは、自分が本を書いた後ですけれども、その前に、1回、出会いがありました。それは、『アミ』を読んだ後に、さくらももこさんがあとがきを書かれていて、そこに石井さんの名前が出てくるんです。石井さんは著者でもないし、絵を描いた人でもないのに、なぜか名前を覚えていました。でも、当時は自分が本が書けるとかはまったく思っていなかったので、自分と遠い世界の方だと思っていたんです。でも、自分が本を書くようになってから、ヒカルランドさんを紹介してくださる方がいて、まさにこの場所で初めてお会いしたんです。『アミ』を読んで、石井さんの名前を見たときから考えると、今、私がここに石井さんと並んでいるのは、本当に信じられないことが起こっているとしか言えない状況で、それもアミが導いてくれたことかなと思っています。

石井　皆さん、さすが作家の方で、すばらしいお話の後にちょっと気が引けるんですけど。私は最近、物忘れがひどくて、きょうここで3人で鼎談（ていだん）するというのもさっきまで忘れていたものですから、準備もなくてすみません。

人生を好転させたアミとの出会い（石井健資社長の場合）

石井　先ほどの話でいくと、僕はエンリケ・バリオスさんとは3回旅行しているので、人となりをそれなりには存じ上げています。エンリケさんに会ったときに、彼は「僕はアミじゃないよ。みんな僕のことアミと思って近づいてくるので、僕はそれがすごく困るんだ。僕はクラトだよ」と言っていました。お肉は召し上がっていました（笑）。

その話もあるのですが、とにかくこの原稿が来たときのことを、今ちょっと思い出しました。訳者の石原（彰二）さんはスペイン在住の画家の方だったのですが、版権も何もないときに、この本に出会って衝撃を受けて、翻訳なんかしたことがないし、何の当てもないのに翻訳しちゃった。それを日本にいる友達に送ったんです。当時ですから、400字詰めの原稿用紙です。なぜかマス目はまったく関係なく、はみ出して、はみ出して、はみ出して書いている原稿でした。

初めての翻訳ということで、例えば、形容詞1個にいろんな訳がついて、それが4つぐらいみんな書いてあるんです。そんな感じで、ものすごく克明に書き込んでありました。申しわけないですけど、商業出版にそのまま出せるものではなかったのですが、持ち込んできたお友達は、私に会ったときにはちょっと疲れた感じで、「実は、ここに来る前に出版社を12社も回ってきて、全部断られた。13社目に徳間書店に来た」と言っていました。

そんなこともあったので、僕はその情熱に打たれまして、これはしっかり読んであげなきゃいけないなということで、忙しかったのですが、読みましたら、大変すばらしく、夢中になってしまいました。あまりそういうことはやったことはないのですけれども、何とかこれを世に出そうということで、リライトというのを初めてやったんです。そのときは内容もよく覚えていたのですけど、今は申しわけないのですが、あ

日本で初めて出版された際の装丁

まり覚えていません。でも、本当にすばらしい。僕の人生そのものが、この『アミ小さな宇宙人』から好転したのは間違いのない事実です。

これが一番最初に出した本です。知っている方もいらっしゃると思いますが、これは画家の石原さんが描いた絵です。石原さんのたってのお願いもあったので、それをそのままカバーにしました。僕は、これはすぐに10万部売れると思っていました。ところが、なかなかそういう状況にはならなかった。何か違うのかなと思っていたときに、パウロ・コエーリョさんの『ピエドラ川のほとりで私は泣いた』（角川文庫）という本のイラストを描いた方とたまたまお会いしました。コエーリョさんは売れていたので、コエーリョさんのイラストを描いた方でつくろうと思ってつくったのが『戻ってきたアミ 小さな宇宙人』になったんです。これが1996年で、最初の『アミ』は何と1995年ですので、21~22年たちました。その前に、18年から20年、原書が出ていたので、これから長く読み継がれる本になって、本当にありがたいなと思います。

当時、さくらももこさんは『富士山』という雑誌を新潮社さんから出していました。初刷50万部ぐらいの勢いがあった雑誌でしたが、そこでこの2冊を取り上げてくださったんです。「このすばらしい本を皆さん読んでください」ということで、大変推奨してくれました。それで私は、お礼がてら連絡をしまして、まあどうせ無理だろうと思いながら、とりあえず言ったもん勝ちで、「実は第3弾もあるので、『アミ3度めの約束』のイラストを描いてくれませんか」と無心してみたら、何と、「とにかくすぐ会いましょう」ということになって、お会いしました。そうしたら、この2冊も含めて、3冊とも全部装丁を担当してくださるとのことでした。何ともありがたい、信じられないような出来事が起こりました。多分、皆さんのお手元に届いている『アミ小さな宇宙人』3部作は、さくらももこさんのカバーイラストがついたものだと思うのですが、それがきっかけで、ようやく『アミ 小さな宇宙人』がヒットしました。初期の1995～1996年から、その1年後か2年後に、さくらももこさんからそういう話をいただいたのです。

その後、さくらももこさんがエンリケ・バリオスさんにお会いしたいということで、仲介の労をとらせていただきました。当時、エンリケさんはスペインにいたので、スペインに行く手配を始めましたら、直前になって、エンリケ・バリオスさんが、何と、「僕は今、タスマニアだよ」と言ってきた。エーッと思って、慌ててスケジュールを変えて、さくらももこさんたちとタスマニアに行って初めてお会いすることになりました。そこでいろいろなお話を聞いているのですけれども、その後は取材を兼ねてスペインにも行って、エンリケさんの息子さん夫婦と一緒に旅行したりもしました。その後は日本にエンリケさんが来てくださって、一緒に京都旅行をしたり、そういう交流の中で今に至っています。

奥平　なかなか聞けない話ですね。さっき石井さんが「アミに出会って人生が好転した」とおっしゃったのですが、そう考えると、私もそうかなと。

曽根　私もです。

奥平　例えば、私は「ここにアミがいる」とかいうことを感じるほうでは全然ないのですけれども、それでも、もとの本を読んで何かを受け取ったら、それはアミがいるというか、伝えてくれているということだと思うんです。それに導かれて、皆さんはきょう集まられていると思います。

みんなのアミとの出会い・それぞれの体験をシェア

奥平　もしよかったら、皆さんの中で、アミに出会って、ここに感動したとか、こんなことが変わったとかいうことがあったら教えていただけたらと思うのですけれども、どうでしょうか。

石井　きょうは皆さんとアミの体験をシェアする会ということですので、ぜひぜひ語っていただけたらと思います。

奥平　「この言葉が好きだ」とかだけでも。

石井　皆さん、ご存じない方もいらっしゃると思うんですけれども、ヒカルランドの王子様のロゴマークは、さくらももこさんにつくってもらったものです。私が「独立したいんだけど」と言ったら、さくらさんに「あら、いいわね。何という会社にするの」と聞かれたので、「ヒカルランド」と言ったら、それから1週間もしないうちに、僕の携帯メールにこの画像がピッピピッピピッと送られてきました。あれヤバい、まだ会社の登記もしていないし、会社をやめる準備もしていないし、大変だというので、登記をして、会社をきちっとやめる手続きをして、7年前の3月31日付でやめました。その年の7月の中ごろには、ヒカルランドとして、このマークをつけた本を出版できた。

出版社を立ち上げるというのはなかなか難しいのですが、僕の場合は、ロゴマークまずありきで、さくらももこさんにご縁があ

るということを提出書類の頭にくっつけて取次を回ったんです。ものすごく受けがよくて、「ああ、さくらももこさんのロゴマークですか。すごいですね」ということで、トントン拍子で進んだということがありました。これもエンリケさんの『アミ 小さな宇宙人』が私にもたらしてくれた、大変な恩恵だったのです。

本当に、アミなしでは私の人生はなかったも同然です。皆さんもよかったら、「こういうことがありました」というのを話していただけたらありがたいです。

受講者（Sさん）　僕は今、ウエブサイトを企業に売る会社で働いています。30人ぐらいの人がテレアポで営業するのですが、僕は、その方たちを指導というかマネジメントをする仕事をしています。

もともとは営業をやっていて、僕の中で、営業はこうだとか、仕事はこうだみたいな思いが結構強いので、人を指導したり教えたりするのが好きなんです。でも、怒りたくなるというか、怒らなければいけないときがあったり、人のマネジメントは難しいなと思ったんです。この本を読んだときに、「すべての基本が愛」というところで、怒るときも、愛を持って怒ろうじゃないですけど、それを前提に考えてみることにしました。

僕はあまり人を嫌いにはならないのですが、「この人は言うことを聞かないから嫌いだな」とか「この人の行いは許せないな」と思うこともあります。でも、それを言うと相手が傷ついたり空気が悪くなると思って、自分の中で抑えていたものを、「愛」だと思ってはっきり言ってあげたり、「愛」だと思うからこそ認めて、逆に言わなかったりという感じで、僕の中で、ここに書いてある「愛」を基本にして自分の行動を変えてみたのです。結果、部下との関係性とか組織がすごくよくなって、今まで月のノルマを達成していなかった組織が達成するようになりました。その大きな勝因は、その言葉を信じて動いてみたことで、何かがよくなったからなのではないかと思います。

奥平　間違いないです。すばらしいです。（拍手）

曽根　これはちょっと小さいのですが、アミのマークです。（左のイラスト参照）愛が中心にあって、そこから輪をつくるとアミがつけているバッジになります。まさにそのバッジをつけているような感じでされたのではないですか。

奥平 さっきもちょっと言ったのですが、これを読んで、愛を基準にしていけばいいんだということまではわかるじゃないですか。でも、何が愛かはわからなかったりもするのですけど、それは自分なりにでいいと思うのです。自分なりに「これは愛だ」→「愛だからこうしよう」というふうにしていくと、どんどん自分が愛を発している状態になって、どんどん愛を引き寄せていくというふうに変わっていくと思います。すばらしい事例です。

曽根 Sさん、勇気を持ってやっていただいて、ありがとうございます。

受講者（Aさん） こんにちは。きょうの奥平亜美衣さんのフェイスブックに「きょうお伺いします」とコメントしました。

奥平 読みました。ありがとうございます。

受講者 さっと「いいね！」を下さってありがとうございます。こんなんですけど、

もうすぐ40歳ですので、結構熟女です（笑）。

奥平　かわいい熟女ですね。

受講者（Aさん）　私も『小さな宇宙人 アミの言葉』を手にとったときに、初めて奥平さんにSNSでつながっていただいたときに、コメントかメッセージで送ったのですけど、アミが地面に描くマークを、アミの本を読む数年前から、知らないで自分も同じマークを描いていたんです。

奥平　すごい（笑）。

受講者（Aさん）　ハートに羽根をつけて、私はそこにピッピッピッピッと5個ぐらい光らせていたんですけど。

ちょっと話が飛びますが、私は人生でいっぱい失敗をしてきました。でも、そのおかげで一流と呼ばれる人たちにも出会うことが多く、幸せな人間だと思っています。私はこの奥平さんの本をふと手にとったら、装丁から中の色まで全部優しくてすてきだったので、お友達に9冊か10冊くらいプレゼントしたんです。このような本にみんなが触れたらいいいと思って。すばらしい本だと思っています。私は、このそでの「あなたが満たされると世界も満たされる」という言葉がぴったりで、すてきだなと思っています。話がまとまらないんですけど。

奥平 大丈夫ですよ。

受講者(Aさん) 私は小さいときから聖書の教えで育ったのですけれど、お寺は好きだし、モスクで昼寝をしたり、そこの代表の方とカレーを食べたりもしました。

話が飛びましたけれど、私はアミのおかげで、改めて愛が自分と1つということがわかりました。それが最終的にアミがみんなに伝えたいことのような気がします。まとまらない話を終わりにしたいと思います。ありがとうございます。(拍手)

奥平 さっき聖書の話が出ましたけれども、私はキリスト教はまったく知らなくて、「神は愛」というのは、キリスト教の方だったら多分すごくなじみがある言葉かもしれないのですが、私はそれをアミで知ったみたいな感じなんです。

曽根 日本人は、そういう人が結構多いですよね。

奥平 知っている方は当たり前のことかもしれないですけど。

曽根 「アミプロジェクト」の活動をしていると、アミのことを知らない方もイベントに来てくださったりして、中には「神とか書いてあるけど、何かの宗教?」と言われる方もやっぱりいらっしゃるんです。それぐらい日本にはなじみが薄いんです。

奥平 さっき、モスクに行ったり、お寺に行ったりするとおっしゃっていましたが、そういうことができるのが日本人の特権だなと思っています。インドネシアにいると、そういう人はいないです。自分の宗教のところにしか行かないです。でも、日本人は、イスラムの国に行ったら、モスクを見て「きれいだな」と思えます。インドネシアといっても、私はバリ島だったので、イスラムにあまりなじみはないのですが、マレーシアに行ったときは、すごくきれいなモスクに行きました。中に入っただけで、ワーッと宇宙につながっている感覚になるんです。そういうふうにつくられているんだなと思いました。

どんな宗教でも、すべては愛だと感じることを目指している。そこへ持っていくという最初の原点は、どの宗教でも一緒だったんだなと。そういうことが感じられるのは、日本人ならではです。その特権を生かして、いろんなところに行ってみるのもいいかなと思います。

（次の受講者にマイクが渡る）

受講者（Bさん）　私は亜美衣さんとお会いするのは2度目です。アミの本は『「引き寄せ」の教科書』（アルマット）から知ったんです。それですぐに買って、「おぉ」という感じで。私はカウンセラーやコーチをやってきたのですが、何かそういうのも違うと思えて、いきなり「そういうことじゃない」ということだけわかったんです。「でも、だったら何だろう？」というところから、いろいろ試行錯誤の末に、今はすべて取っ払って、「愛からなんだよね」という、何て言ったらいいんだろうと思うんですけど。

「自分が満たされていれば、周りもよくなる」ということは、今はいろんな人が言っていると思うんですけど、私にとってそういうことが腑に落ちるきっかけになったのがこの本なんです。だから、アミの本は大事なところだらけで、「どこが」とは言いづらいぐらいです。でも、それがきっかけになって、生きることが楽になって、私の仕事が明確になって、体重は減らないんですけど、気持ち的にマイナス5kgぐらいになった（笑）。いや、本当にそういう感じだったんです。シュッと、肩凝りが治るみたいな、そういうきっかけの本でした。だから、本当に出会えてよかったなと思っています。いい言葉がいっぱいあって、今はパッと浮かばないんですけど。本当に私の人生の助けになった本でした。（拍手）

石井　私、エンリケさんの言葉で思い出したことがあるんです。とにかくアミの世界に書かれていることは本当にすばらしい世界なのですが、現実を見てみると、どうもそうではない。そこから比べると、心が傷つくことがいっぱい世の中にはある。エンリケさんに「アミの世界はなかなか来ませんね」と言ったら、「アミの世界は今のことじゃないよ。１００年後に現れる世界のことを書いているんだ」と言われたんです。だから、今の自分の気持ちとしては、この度の奥平さんの本のタイトルは『次の世界にあなたを運ぶ』と書いてあるのですけれども、アミの世界を１００年先まで頑張って伝えたいなという気持ちでいるんです。

（次の受講者へマイクが渡る）

受講者（Cさん）　初めまして。すごくドキドキしています。10年以上前に『アミ』を初めて読んだのですが、1回手放してしまって、手元にはもうないんです。もともと、さくらももこさんの漫画で『コジコジ』というのがあるんですけど……。(涙声)何で泣きそうになっているのかわからないんですけど。宇宙人が描かれていて……。何で泣いているんでしょうね。ごめんなさい。

アミを読んでから、なぜかわからないのですけど、私は漫画が描きたくなったんです。登場人物も出てきて、物語も出てくるのですが、初めと途中と、終わりはあるかわかりませんが、つなぐものがなかなか描けなくて、自分自身もそれに追いついていなくて。最後のほうに宇宙人が出てくるんです。漫画も描きたいし、アニメもつくりたくて、何ならテレビでアニメを流して、自分が「好きだな」「心地いいな」と感じる音楽を流したい、あとは実写で映画をつくりたいとか、何かワクワクするようなことが10年ぐらい前にはたくさんあったんですけど、一度破り捨てて、くだらないものに感じてしまって諦めたんです。その後、死んだように生きてきて、でも最近やっと、何かまた描きたいなと思えるようになりました。ごめんなさい。こんな話をするつもりはなかったんですけど、話しても(ここなら)安全かなと感じて。

奥平　大丈夫ですよ。

受講者（Cさん） 今は具体的に、絵を描こうという気持ちにはまだ動けていないんですけど、登場人物の中に高校生の男の子がいて、なぜかその男の子は、「自分が幸せであることがお母さんの幸せなんだ」、その言葉が最近降ってきたんです。私自身は、お母さんとかお父さんのことを「私がいることで、すごくかわいそうだな」と感じていました。私が幸せになる前に、お父さんとお母さんを幸せにしなくちゃいけないと思っていたんです。でも最近、ふと、実はかわいそうじゃなかったんだと気づいたんです。

お母さんは不機嫌になったり嘆くのが多いんですけど、欲しいものを買ってもらったり、旅行に行ったり、いろいろ楽しんでいます。子どものころ、朝、お姑さんが家に襲来して、玄関で40分ぐらいずっと愚痴とか自慢話をしてきたことがあったんです。私はその場にいたくなかったんだけど、お母さん1人残したらかわいそうだなと思って一緒にいました。自分が寂しいのを押し殺して、お母さんの気持ちに寄り添おうとしてみたのですが、「あなたは孫だからね」と突き放されたりして、ずっとどうしていいかわからずにいたんです。最近、「ああ、私は寂しかったんだな」と、やっと認めることができた。何でこの話をしているか本当にわからないんですけど（笑）、最近、やっと人生が動き出したぞ、みたいな感じがあります。

前回、ゆるぴこヨガをやっているＰＩＣＯさんの著作の講演会があって、ここに初めて来たんです。肉を食べないという話ともつながるんですけど、ヒカルランドさんからも本を出版されている「つぶつぶグランマゆみこ」という方がいるのですが、雑穀で世界に……。

奥平　すぐそこにお店があります。

受講者（Cさん）　そうなんですよ。牛込でしたっけ。姉から教えてもらったのですけど、雑穀を「つぶつぶ」という愛称で呼んでいて、肉も魚も卵も何もかも食べない。でも、別に制限しているわけではなく、自分がおいしく感じるから食べるということなんですけど。初めて読んだグランマさんの本がこちらの本だったんです（『雑穀（つぶつぶ）で世界（あなた）に光（パワー）を』）。あと、最近知ったのが夏目祭子さんの本です。やはりヒカルランドさんの本はすごい。何でしょうね、この場でこういう話をしても大丈夫なんですね。

奥平　ここは一番安全です（笑）。

受講者（Cさん）　そうなんですね。誰にも言えなかったから、こんなにたくさんの人の前で言ってみよう、勇気を出して言うことで動けるんじゃないかなと思ったので。表現しても、誰か楽しんでくれる人がいるかもしれないと思いました。アミを好きな方々なので。すみません。ありがとうございました。（拍手）

奥平　これまで、いろいろやっても身にならなかったということはあると思います。私もいっぱいあるんです。実は私、最初に『アミ』を読んだときに本当に感動して、それをインドネシア語にしたいなと思ったんです。そんなにインドネシア語ができるわけじゃないんですけど、すごく時間をかけたらできるかなと思って、1章はやったんです。スペインのエンリケさんの原書を出した出版社のメールアドレスに「インドネシア語にしたいんですけど」と送ったら、ちゃんと返事が来ました。「いいね、いいね」みたいな。当時、私はまだ自分の本も出していないし、「できたらいいな」という思いはありましたけど、まだできるまでいっていませんでした。やりとりはあったのですが、当時は会社員で、子どもも小さくて、その中で、結局、続かなかったんです。でも、それをやったことは全然無駄ではない。途中で終わったとしても、チャレンジしたことはいいことなんです。

私はアミに出会うちょっと前に陰謀論の世界を知ったんです。ここ (会場内壁面に並ぶ本コーナー) にいっぱいあるような世界の話を、そのちょっと前に知って、そこから常識を疑うようになって、そのあとアミに出会ったという感じです。当時、私はベンジャミン・フルフォードさんの本など、ヒカルランドの本をたくさん読んでいたんです。そのときは本当に、本屋でその本を買うのも、誰かに見られているんじゃないか (笑)、そんな感じだったんです。

石井　うちでHappyさんという方が本を出したのですが、Happyさんもやっぱり陰謀の本をいっぱい読んでいて、最終的にそこと決別したんです。Happyさんが私に言ったことは、「これはヒカルランドじゃない。暗いランドだよ」と。僕はガーンとショックを受けて、もうちょっと何とかしなきゃなという気持ちになったんです。ネットを見ると、「ヒカルランド　怪しい」なんて検索関連ワードで出てきます。私としては「むすび愛、めぐり愛、ひびき愛の出版社ヒカルランド」ということで、アミのこともやっているのですが、現状はそうではないところもあったりして、大変反省もしつつ、もうちょっと方向転換もしようかなということはあります。

奥平　私も決別しました。もう調べていないんです。昔はすごく詳しかったです。でも、もうやめました。でも、情報としては、そういう情報で世界を違った角度から見るという役割としては絶対にあると思います。

石井　Ｈａｐｐｙさんの前では「もうやめます」と言ったけど、全然やめてないんです。すみません。

奥平　好きな人は好きですからね。

曽根　そこから、また光のほうに行く方もいらっしゃるから。

奥平　私はまさにそうでした。それがなかったら今のほうに行かなかったと思うんです。

石井　闇が深いほど光を浴びると言いますのでね。

曽根　後半で使いますが、「アミカード」というのがあります。アミの本の中から抽出して、補足の文章も入れてつくっています。きょう、来てくださる皆さんのテーマは何でしょうという感じで引いてみたのです。そうしたら（曽根さんが「アミカー

ド」を手にとる）

> もし悪を知らなかったら、どうして善を知り、善を喜ぶことができる？もし夜がなかったら、どうして日の出を喜ぶことができるだろう。（『アミ 小さな宇宙人』より）――どんな存在も、どんな出来事も、その中に愛はあります。そこにある愛に目を向けていきましょう。あなたの経験するすべてに感謝し、喜べるあなたに感謝しましょう

というカードが出ました。

奥平　これをさっき下で打ち合わせをしているときに見せてもらいました。そのときはどういう意味かわからなかったんです。でも、今、わかりました。心はつながっていました。

曽根　ちょっとした勇気ですよね。光はみんな持っています。だけど、恥ずかしいとか、本屋さんで見られたら嫌だなとか、そういうのはあるけれど、既に持っている光

を掲げるか、おろしてしまうかは、ちょっとした勇気の違いだけだと思います。

奥平　さっき、アミの世界は100年後だというエンリケさんの話があったのですが、確かに、見えている世界がすべてそういうふうに変わるのには少し時間がかかるかもしれません。でも、1人1人が変わるのは、今できるんです。

私も、ちょうど陰謀論の話とかを読んでいて、まだそのときはそちらのほうの世界にいたんです。当時は『アミ』を読んで、オフィルとか出てくるじゃないですか。「これはすばらしいけれども、現実はこうだしな」という考え方が支配的でした。その後に『サラとソロモン』（ナチュラルスピリット）に出会って、自分で人生をつくっていくという方向に変わっていきました。そのときに、オフィルは自分でつくるんだ、今ここでつくらない限りそっちへ行けないんだということが本当にわかってきた。

今となっては、私は多分、オフィル人と変わらない生活を毎日しています。やりたいことをやってこそ、大変なことの中にも何か絶対に種があるし、そういう感じで生き生きと過ごすことができています。まずここから、1人1人から変わっていくと、100年ぐらいたったら、みんなそうなっているんじゃないかなという感じだと思います。絶望しないでください。100年生きていなくても、今、できるんです。

曽根 100年後の未来を、皆さんのここから始めることができるんです。

石井 いい話ですね。

受講者(Eさん) 私は亜美衣さんのファンで、アミの本も大好きです。『アミ』を読んで変わったことという点で、今ちょっと思いついたのが、勇気を出して言うと、宇宙船を見るようになったことです。

(会場どよめく)

一番最初は去年(2016年)の11月ぐらいで、仕事の帰り道に運転していましたら、何か「UFOを見たいな」という気持ちが湧いて、ふっと横を見たら銀色に光るものがいたんです。信号待ちのときに、スマホでパシャッと撮りました。それから2カ月後、車を運転しているときに、ビルのところに飛行機がいたんです。何かフワフワした飛び方をしているので変だなとは思ったのですが、まあ飛行機だろうと思っていたら、ビルで隠れた瞬間に、ピッと上に上がったんです。「あれ? 何かこれ、宇宙船？」と思って、「私はあなたが要るので、もっと近くに来てください」と、大きな声で叫んだというか、1人で車の中で言ったら、真上にバンと来たんです。楕円形を2つくっつけたみたいな形で、それがパッと一瞬ですけど見えました。それから何回も何回も見ることが続きました。私は普段、かたい仕事をしているので、「頭がおかしくなったのかも」とか「あれは気のせいだったのかな」と思っていました。

ひょんなことからあるイラストレーターさんとつながっていたので、その方に「こんなことがあったんです」と言ったら、サアラさんの『空なる叡智へ』（ヒカルランド）をおすすめされました。話がめちゃめちゃでごめんなさい。とにかくすごく励ましてもらいました。「地球を明るくする光の人だ」とか「宇宙船に励ましてもらっているんだよ」とか、そういうふうにすごく勇気づけてもらいました。

それから、宇宙船を見よう見ようと思って、双眼鏡を買って、いつも見るようになりました。飛行機か宇宙船かの違いを確かめるようにして、「これは絶対宇宙船だ」と思ったこともあります。あと、夜に1回、仕事の帰りに、これでもかとブローチみたいに光っているんです。どう見ても星じゃないし、飛行機にしてもおかしい。それで、車に乗りながら、そこへ1人で行こうと追いかけたことがあるんです。私は都心のほうに住んでいるのですが、ビルがあって見失っちゃったんです。ところが、家に帰って上を見たら、いたんです。「あっ、家がバレた」とか思って(笑)。それ以来、結構、定位置みたいにいます。

友達にその画像をスマホで送ったら、そのまたお友達のUFOが見えるという人に画像が渡って、その人に「これは本物だよ」と言ってもらえたのがうれしかったです。以上ですけど、そんな体験をしました。していますというか。(拍手)

曽根 去年(2016年)の11月とおっしゃいましたね。まさにその頃からUFOがすごくふえているんです。そのことを、私、ブログなどで書かせていただいたり、スタジオでも「とにかくUFOが11月からふえているので、空を見てください」と、お伝えしていたのです。そうしたら、クライアントの方から「さっそくUFO見ました!」と写真付きのメールが届いたりして。さらに言うと、ことし2017年は「宇宙元年」と言われています。だから、ますますUFOがふえていく。皆さんも絶対見られます。とにかくスマホ見てたら見られないので(笑)、ぜひ上を見てください。

今はたくさん来ています。アミ以外にも、いい宇宙人がいっぱい来ているんです。

石井　僕もそういう話が大好きです。もともと僕は文芸の編集者をやっていて、結構売れっ子の作家の担当だったんです。長者番付のベスト3ぐらいに入るような作家さんの担当編集者で、そのままやっていればよかったのかもしれないんですけど、あるとき、矢追純一さんという方が日本テレビでUFO番組を盛んにやり出しました。あれを何げなく見たときに、「やっぱりUFOはいるのかな」「宇宙人はいるんじゃないかな」と思って、作家さんに申しわけないけど、小説のことはやめようと思ったんです。異動願を出して最初に出したのが、コンノケンイチさんという人が書いた『UFOはこうして飛んでいる！』（徳間書店）という本です。コンノさんは、もっと前にも本を書いています。例えば、NASAの月の裏側の写真は何万枚も撮ってあるのに、公表されたのは、その当時で3枚だった。そのうちの1枚の画像を大写しにして、「ここには人口構築物がある。ここは橋があって。これはUFOだろう」みたいなのを、イラスト化して出していたんです。その本の中に重力制御の方法を科学的に書いてあったので、この人に本を書いてもらうしかないと思って、こっちのほうに移ってきたんです。それなのに、ろくにUFOを見たことがないんです。

奥平　私もないです。でも、この間、私の話ではないのですけど、バリ島でニュピという日があって、1日、外に出られない、電気を使えない、仕事もしちゃだめ、食べるのもだめみたいな日があるんです。飛行機も飛ばないんですが、その日はUFOがたくさん見えると言っている人はたくさんいました。私は見えないんですけど。その次の日ぐらいに、友達が5人ぐらいでビーチに出たら、飛行機が飛んでいるのですけど、その上にぴったりと2台飛んでいるんです。そういうことは、私はよくわからないのですけど、飛行機ファンだったら、絶対あり得ないことと言われます。ところが、「UFOだ」と言い始めた途端に、上のほうがパッと消えたらしいんです。飛行機型のUFOは、どこにでもあるんですね。

曽根　私も今ちょっと思い出したことがあります。10年近く前だと思いますが、アミの活動をしていて落ち込んだときがあったんです。帰り道、自宅まで帰る途中、ますます落ち込んできて、「もう嫌だ。すべて投げ出したいな」と思ったときに、アミに「私がこれを続けていいのなら、UFOを見せて。見せてくれなきゃやめる」と言ったのです。そうしたら、出てきましたよ。エレクトリックな感じのブルーとグリーンの光が上下にグルグルグルグルと回りながら、上にスーッと上っていったんです。もちろん飛行機やライトではないし、完全にUFOだとわかるようなものを見せてもらいました。皆さんも、せっぱ詰まったときとか、もうだめだというときに、頼めば見えるかもしれない（笑）。

奥平　素直にお願いしたらいいんですよね。

石井　僕は、エンリケさんに最初にお会いするときに、ものすごく緊張して、ものすごく期待をしていたんです。僕は本当のことだと思ってアミの本をつくっていますから、書かれているのは全部本当のことだと思っていたんです。だから、エンリケさんは必ずコンタクティーで、宇宙人と日々接触しているような方ではないかと思って行ったんです。そしたらエンリケさんは、僕のことを見て何かわかったらしくて、「僕のことをコンタクティーと思って来る人がいっぱいいて、僕はそれが一番困るんだよ」と言っていました。のっけに僕の期待は砕かれちゃったんです。「これはストーリーだから。創作だから」と言われたんですけど、2人ともどう思いますか。

曽根　エンリケさんは、私に「創作だと答えてください」とおっしゃいました（笑）。

奥平　でも、絶対、乗ってますよね。

石井　乗ってるでしょう？　そういう話を聞きたくてしようがなかったのですけど、話してくれなかった。

曽根　私が最初にエンリケさんとアクセスしたときも、エンリケさんはすごく繊細な方なので、いろんな経験をされて、私以上にたくさん傷つくこともあって、その中で自分を守るという意味もあって、そういうふうにされていると思います。「こういうことは、まだ少数の人しか聞かないことだから、気をつけてやりなさい」と、ついこの間も言われました。

受講者（Nさん）　これを話すと変人扱いされるのですけれども。

奥平　ここでは何を話しても大丈夫です。

受講者（Nさん）　宇宙人と会っているんです。

奥平　おっ、いました、いました。引き寄せました（笑）。

受講者（Nさん）　一部始終を話すと、かなり長くなります。例の秋山眞人さんに悩み相談という形で会って、「実はこういう話なんですけど、聞いてもらえますか」と言ったら、「いいですよ」ということで、全部話したんです。そうしたら、「本物です」ということでした。

昔、久保田八郎さんの日本GAPがありましたよね。あそこの講演会に向かう途中で会ったんです。女性なんですけれども、私は一言も発声していないのに、全部わかるんです。例えば、「両手を挙げて万歳してくれ」と言うと、ちゃんと両手を挙げます。あるいは、「回れ右してくれ」と言うと、グルッと回れ右をするんです。

それから1週間くらいしてから、ここで言うのは恥ずかしいのですが、空に向かって「実はこういう女性と会った。あの人は宇宙人なんですか。もしそうだったらUFOで来てくれ」と言ったら、実際に来たんです。「宇宙人じゃなかったら来ないでくれ」とお願いしたのですけれども、来たんです。さらに、「本当に宇宙人なんですか。もしそうだったら、UFOで回転してくれますか。2回転3回転じゃだめです。もっと回ってください」と、必死に念を送りました。

奥平　命令だ（笑）。

（会場中爆笑）

受講者（Nさん）　そうしたら、グルグルグルグル、時計回りに13回転しました。「あなた方はどこから来たんですか」「そんなに遠くない」「アダムスキー知っていますか」「実はそれと関係がある生命体だ」と、はっきりイメージで来たんです。一番強く来たのは、イメージではなく、私の頭の中で明らかにしゃべっているんです。そして、私にこう言ったんです。「私たちにテレパシーを送ってくれるのはうれしいけど、それは2番目に大事なことだ」と。「1番目は何ですか」と聞いたら、「それは、ほかならぬあなた方地球人同士でテレパシーを送り合うことです。癒やしのテレパシーを送りなさい。それをあなた方地球人は怠ってませんか」と聞いてきたんです。「大事なことは宇宙に送ることではなく、地球人同士で送り合うことだ。それをしないから平和にならないんだよ。我々宇宙人に送っても困るよ。困るというか、それは2番目に大事なことで、1番目に大事なことは地球人同士で大事にし合うことだ」。そういうメッセージをもらいました。

奥平　すばらしい。（拍手）

受講者（Nさん）　そういう経験をすると、アミは事実だと思うんです。

曽根　アミや、他の宇宙存在も、同じようなことを教えてくれています。まず、瞑想しているときに、自分にたくさん光を送るんです。そうしたら、自然と感謝の気持ちが湧いてきて、周りの人にそれを送りたくなります。例えば、最初は家族とか大切な人とかに送って、その家族や大切な人がすごく幸せな中で自分の光を輝かせているのをイメージしたら、そのことに対してまた感謝の気持ちが湧いてきます。周りの人が幸せになったら、自分もまた幸せになります。今度は世界中の人に送って、世界中の人が幸せになるのを見て、また自分も幸せになる。今度は生きとし生けるものすべてに送って、生きとし生けるものすべてが幸せになったら、ますます自分も幸せになる。そして、最後は万物に送りたくなるんです。そういうことを教えてもらって、瞑想のときはずっとやっています。皆さんも、ぜひ一緒にやりましょう。

受講者（Nさん）　今、「飛行機型ＵＦＯ」とおっしゃいましたが、私はそれも結構見ていて、それに思念を送ったんです。金星ですか、水星ですか……と、片っ端から星の名前を言って、「もし該当する星があったら光ってください」と言ったのですが、まったく反応がないんです。最後に「プレアデスですか」と言ったら、強烈にビカーッと光って、スーッと飛んでいきました。世間では変人扱いされますけど。

曽根　ここでは大丈夫ですよ。

受講者（Nさん）　別にUFO研究家ではないので、UFOには詳しくないです。何で私がこういう経験をするのか、いまだにまったくわからないです。

奥平　最初は何で宇宙人だとわかったんですか。

受講者（Nさん）　実は電車の中で会ったんです。これもおかしな話ですけれども。ずっと私のほうを見ているんです。何でだろうと思っていたら、「宇宙、宇宙」と、強烈な声が聞こえてきました。ふだんはテレパシー能力などないのですが、「両手を挙げてください」と心の中で思ったんです。そうしたら、電車の中で手を挙げたんです。「ショルダーバッグを反対側にかけてくれますか」と言ったら、本当に反対側にかけた。「あんた、本当に宇宙人？」と言ったら、回れ右して、次の駅にとまるまで、ずっと私に正対した状態でした。普通はそういう立ち方はしませんよね。つり革を持って立っていたのですが、私に向かって、次の駅でおりるまで、ずっと見ていました。

曽根　電車の中には宇宙人がかなりいます。私のきょうだいもＵＦＯや宇宙人によく会うのですが、きょうだいと外出したときに「ほら、あの人宇宙人だよね」と言うので、パッと見ると、その方は目をクルルンと回したりするんです。空だけじゃなくて、電車に乗っていたら、きっと会います。

石井　油断ならないですね。

受講者（Ｎさん）　秋山眞人さんが言うには、特に港区の地下鉄の中にたくさんいると。私も会ったのは港区ですから。

石井　何線でした？

受講者（Ｎさん）　日比谷線の虎ノ門駅。あそこは、うようよしている。ただ、我々が気づかないだけで、ＵＦＯに関心のある人のところには結構ついていっているという話を聞きました。私もその１人で、秋山さんに「別に珍しいことじゃないよ」と言われました。

曽根　みんな、まさかいると思っていないですからね。

受講者(Nさん) そうですね。特に目を見ればわかる。もう、カーッと。

曽根 うん、そう。目を見たらわかります。

受講者(Nさん) 魚みたいな目で。

曽根 魚みたいなときもあれば、いろんな宇宙人種がいるので、いろんな目の方がいらっしゃいます。「あら、何かちょっと違うぞ」と思ったら、Nさんみたいにテレパシーを送ってみてください。

奥平 いると思えばいますからね。

石井 思わぬ展開になりました。楽し過ぎて我を忘れてしまいます。

受講者(Dさん) 今の流れで質問なんですけど、宇宙人は何のために姿を現しているんですか。

石井 Nさん、ちょっと前に来て(笑)。

受講者(Nさん) うんと簡単に言うと、親が子どもに何かをしつけるという感じですよね。

曽根　そうですね。目覚めのためです。

受講者（Nさん）　私たちが子どもで、彼らが親という感じがする。やっぱり教えずにはいられないのでしょうね。多分、そういうことなんでしょうね。

曽根　例えば、きょう、こうやってNさんが勇気を持って話してくださったおかげで、皆さんは「あっ、本当にそんなことあるんだ」と思いましたよね？　いきなりドーンと宇宙人が現れたら、みんなひっくり返っちゃうので、そういうふうに目覚めてもらう準備をするために現れています。特に、ことし（2017年）は宇宙元年で、そういうことがどんどん増えていくと言われています。

石井　ますます楽しいですね。

奥平　帰りの電車が楽しみです（笑）。

曽根　電車が反対なのに、わざわざ虎ノ門を通ったり（笑）。

石井　そう言えば、エンリケさんの翻訳本は何冊も徳間書店で出しているのですけど、訳者の1人のさいとうひろみさんという方がエンリケさんとやりとりしたメールを見せてもらったことがあります。それによると、エンリケさんもときどき、自分で制御不能になって、ギギギギギッとチャネリングが始まるらしいんです。そうすると、脳波がそちらに全部いってしまうので何もできなくなるときがあるそうです。

曽根　その話と似たようなことで、「そういうタイミングがあるから」とおっしゃっていました。

奥平　それは私もあります。最近、ちょっと遊び過ぎてて、ないのですけど。

石井　チャネリング状態で。

奥平　しようがないから、スマホ出してきて、バババババッとメモってという感じですね。

曽根　私も、突然くる場合もありますが、普段、セッションでもチャネリングをしていて、自分から意識的に、アクセスしてチャネリングすることが多いです。

石井　おりてくるんです。便利でいいですね。こんな話で皆さんいいんでしょうか（笑）。

――受講者にマイクが渡る――

受講者（Fさん）　私はアミの本を読んで、小っちゃいころからのことがつながったというか。私は小学校5年生のときにUFOを見たんです。自分でもそれだとわかったんですけど、子どもだったので、周りに言っても「寝ぼけてたんだよ」と言われるだけなので、「まあ、そんなもんだろうな」と思っていました。でも、自分の中ではそれ以前から「何となくいるんだろうな」というのはありました。

小さいころに『北風と太陽』の童話を見て、すごく簡単な本なんですけど、心が震えました。「みんなが太陽になったら、どれだけ幸せになるのかな」と、小さいころから思っていたんです。アミの本を読んで、「あっ、太陽の世界だ。みんなが太陽になったら、アミの世界になるんだな」と、小さいころからのいろんなものがつながったんです。

先ほど、アミの世界は100年後と言われて、ちょっと悲しくなりました。みんながそういうふうになったら絶対に幸せですばらしい世界なのに、そういうふうに動こうとするといろんな邪魔が入るとおっしゃっていたじゃないですか。何で邪魔されちゃうのかなと、今すごくそれを思います。

曽根　愛のエネルギーがワーッと上がってきているときは、その反対側のエネルギーがいろいろ揺れ動くんです。そうすると、ここでバランスをとろうとして破壊的なエネルギーが起きちゃうんです。100年後とおっしゃったかもしれないですけれど、それは縮められます。私たちが少し勇気を持って光を掲げるか、またはしまってしまうかの違いです。

私も『北風と太陽』はいろいろなときに話に出すのですが、アミの本にも「太陽の光を発する小っちゃな棒を胸に持っていこう」みたいなくだりがありましたよね。みんなが自分の胸から光を発していることを意識する。そうできない日があっても、みんながつながっていれば、今度は別の人からもらった光で、また発することができます。そういうつながりで、目覚めた人からどんどんそれをやっていけば、100年後が90年後になり、50年後になり、来年になるかもしれないです。

ごめんなさい。話の腰を折っちゃったかな。

受講者（Fさん）　いえいえ。さっき「バランス」とおっしゃったじゃないですか。バランスを保ちながら、だんだん愛に近づいていくという感じなんですか？

曽根　あるときにグンといくときもあります。そのときは、反対側が強い力で何とかあがこうとしていると、どうしても大きな破壊が起きてしまったりします。それが起きないように、アミを初めとしたたいい宇宙人たちや、私は龍神の本などを書いているのですけれど、地球には、龍神や鳳凰など、いろいろな守護する存在がいますので、そういう存在たちが頑張って調整してくれたりします。地球人にも、「調整すること、光を発することが大事だよ」と伝えてくれます。例えば、アミの本を読んだ人が、それに気づいて立ち上がるという具合にです。

アミからメッセージをもらおう！

奥平　今からメッセージカードを引いていきます。曽根さん手づくりのアミからのメッセージカードです。こういうカードは、聞きたいことを聞くとメッセージをくれるんです。さっきのＵＦＯと同じで、頼むとちゃんとつながってきます。

曽根　さっき、「きょう来てくださる皆さんのテーマは?」ということで引いたカードで、「もし悪を知らなかったら」というのをご紹介しました。もう一回、読みましょうか。

> もし悪を知らなかったら、どうして善を知り、善を喜ぶことができる?もし夜がなかったら、どうして日の出を喜ぶことができるだろう。(『アミ 小さな宇宙人』より) ――どんな存在も、どんな出来事も、その中に愛はあります。そこにある愛に目を向けていきましょう。あなたの経験するすべてに感謝し、喜べるあなたに感謝しましょう

これがさっき見事にバチッとはまりましたよね。こういう感じでバチッとはまるものが出ます。

奥平　きょうは人数が多いので全員というわけにはいきませんが、何か声を聞いてみたいという方に手を挙げてもらって、質問してもらって、前で引いていただくという

感じでやっていきたいと思います。早い者勝ちです。

曽根　聞きたいことを思い浮かべながら引くと、ちゃんとメッセージがもらえます。

――手が挙がり、受講者にマイクが渡る――

受講者（Gさん）　私は亜美衣さんの本もいろいろ読ませていただいて、やっぱり自分がやりたいことをやって生きていこうというのをすごく感じています。私は世界が平和になったらいいなという思いがすごく強くて、その前には自分が幸せであることが大前提だと思って、今、自分を満たすことを徹底的にやっています。

それをやりながら、何が自分にできるのかなと思ったときに、人を癒やすこととか、元気にすることとか、まず、友人とか家族が楽しくておもしろくて仕方がないぐらいな感じになったらいいなと思っていて、それを本当に行動に移していいのかどうかを聞きたいなと思いました。

奥平　では、引いてみましょう。

――カードが引かれる――

曽根　結構長いメッセージが出ました。

我々はいつも喜んでいます。でも、内的存在は、時々、我々の魂がより完璧に近づくようにテストをするんです。そのときは、精神を鍛えるために、アルコールなどではなく別の方法を使います。例えば呼吸法や瞑想などです。また、こういった方法を通して内的存在とのコミュニケーションを図るといったこともします。(『アミ 3度目の約束』より)――毎日の生活の中で、あなたの内的存在と少し離れてしまっていたかもしれません。呼吸法や瞑想、ヨガなどを行ったり、自然の中で植物や体と対話することで内側とつながりましょう。それは喜びをもたらす秘訣です。

必要なことが届けられたと思います。自分で決められたことを実行するために必要なことがね。

奥平 「やっていいんでしょうか」という質問だったと思いますが、いいに決まっていますので(笑)。迷ったときは、瞑想やヨガをして、それだけではなく、自分なりのやり方でも構わないと思いますが、自分と対話して、自分を信じて進んでいかれたらいいと思います。

――次の受講者へマイクが渡る――

受講者（Hさん） 正直に言っちゃいますと、私はまだ本を読んでいないのです。何となく亜美衣さんの公式ＬＩＮＥは読ませていただいていて、おとといの夜ぐらいにきょうのこのイベントに行きたいなと思って申し込んでしまったんです。

奥平 そうだったんですね。ありがとうございます。

受講者（Hさん） 何か共有したいなという気持ちが、ふとおりてきたので、来ました。こういうカードがあるのを知らなかったので、今ぜひと思って、それで来たのかなと思っています。

私自身、いろんな持病がありまして、なかなか治らない。そこにフォーカスがいっていたのですが、なぜかふと、今よくなってきている。ちょっとした積み重ねでその変化が起きていて、やっぱり意識が大事なんだというのがようやくわかってきたら、グーンとよくなってきているんです。自分としては、それをテーマにする気持ちはなかったのですが、病でいる状態があまりにも長かったので、そこでの経験を人前でしゃべりたい。自分のためにではあるのですけど、自分なりに知った引き寄せとか宇宙の法則を使ってしゃべりたい欲求がすごく出てきてしまったんです。でも、今までやってきた仕事とは全然関係がないのですが、ただ、気持ちはすごく楽になったので、今、何となく自己表現したいという欲求が来ています。

今後、私はどういう方向に行ったらいいのか、まだもやもやとしているので、何かメッセージをいただきたいと思います。

――カードが引かれる――

曽根　読ませていただきます。

すべてのものは、みんな関連し合って成り立っているんだよ。偶然なんて1つもないんだよ。（『アミ　小さな宇宙人』より）――あなたに届けられるメッセージを「偶然」という言葉で片づけようとしていませんか。あなたが感じたことや体験したことは、あなたが受け取った真実なのです。それがよいことであっても、一見、悪いことに見えても、あなたに伝えたいから起こっているのです。

受講者（Hさん） すごいですね。ということは、「自分の思ったことをやっていい」ととっていいのでしょうか？

奥平 今ももう、その機会が与えられている感じですよね。

受講者（Hさん） 実は私、いろんなところで、人前でしゃべりたい、しゃべりたいとずっと言っています。近未来、機会があったら、ぜひここ（ヒカルランドパークステージ）の上に立ってしゃべりたいと思っているので、いかがでしょうか。

奥平 もうかなり近づいています。

曽根 すべてのものは関連し合っています。偶然なんて1つもない。

――次の受講者へマイクが渡る――

受講者（Iさん） 私は亜美衣さんの本もたくさん読ませていただいています。アミの本も読んで、それで今、3次元から5次元へ上がっているのかと思います。その中で、自分としては、ライトワーカーとして仕事をしたいなという希望を持っています。

皆さんそれぞれ自分の使命を持って生まれてきていると思います。特にその中での自分の使命というものは何となく漠然とはあるのですけれども、これだという方向がいまだに定め切れていないものですから、そこがわかれば一番うれしいなと思って参りました。よろしくお願いいたします。

——カードが引かれる——

曽根　読みますね。

愛はいつも君のハートにいるんだよ。(『アミ 小さな宇宙人』より) ——あなたの中にある愛の火は既にともっています。あとはその火を掲げるのか、おろしてしまうのか、それはあなた次第。大切なのは、あなたの愛を勇気を出して表現していくこと。

「何をしたらいいのか」という質問のときには、答えは出してもらえないことが結構多いのです。実は自分の中に、もうその火はあるから、それを見つけてごらんと言われるんです。でも、もうあるからと言われたら、自信になるじゃないですか。「やっぱりあるんだ、私」みたいな。そうしたら、あとはそれを引っ込めないで掲げるだけなので。

奥平　「漠然と」とおっしゃっていましたが、多分もうあるんです。だけど、ちょっと自信がないとかで、まだ「漠然と」と言っているだけだと思うんです。

曽根　後押しをされた感じですね。

奥平　それで合っているよと。

――次の受講者へマイクが渡る――

受講者（Jさん）　私が『アミ 小さな宇宙人』を読んだのは、10年はたっていないと思いますが、それぐらい前に、知り合いの方に「すごくいいから読んで。これは僕のバイブルなんだ」と言われて、読んだらとてもよくて、それがきっかけでした。

聞きたいことは、お友達夫婦のことで、ご主人のほうが腸が破裂ということで、ヘリコプターで病院に緊急入院されたんです。手術は成功して、今は帰れるようになるための治療をしています。その旦那さんは、前にもいろんな病気をしているんです。

「何で自分ばっかりこんな目に遭うんだろう。もしかしたら、もう家に帰れないんじゃないだろうか。また腸を切っちゃって」と言っていました。もう大腸もなくて人工弁をつけているんです。今回も、本体は何メートルあるかわかりませんが、小腸は少ししか残っていないので、おなかに空洞ができていて、あるものが落ちたら、またそれが腐って爆発してというのを自分の中で想像して、ずっと泣いていたらしいんです。

そういう（想像をする）ことは、そういう現実を引き寄せるから、奥さんのほうに「そういうことは考えなくていいんだよ」とアドバイスをしました。「ヘリコプターだって、風がすごいと飛ばないのに、ちゃんとすぐ来て、自分の信頼する先生が手術をしてくれて、それでちゃんと生きているんだし、治る方向に向かっているのだから、自分は何てラッキーなんだと思わなきゃいけないよ。すべてラッキーが続いているじゃないの。あなたはラッキーな人なんだよ」ということを伝えています。でも、多分皆さんも経験していると思うのですけど、そういうふうに伝えても「あっ、そうか」と自分の腑に落ちない人が現実にはとても多い。そういう人にはどういうアドバイスをしたらいいのかを教えていただきたいです。

——カードが引かれる——

曽根　読みますね。

やり遂げたいと熱望するんだよ。できるんだと実感することだよ。欲することは1つの愛の形だし、愛が宇宙の最大の力だからね。その上、信じる人は山でも動かせる。とても優しいんだよ。意欲は力だ。欲すればどんなことでもできるんだ。(『アミ　小さな宇宙人』より)——あなたの想いの力を発揮していきましょう。あなたの内側の世界が外側の世界をつくります。

受講者（Jさん）　ええ。辛抱強く伝えるしかない。今されていらっしゃることですね。

曽根　そうですね。

奥平　そして、信じることです。この人もそういう力を持っていると。

受講者（Jさん）　その人自身を信じてあげる。

曽根　そうですね。やっぱりタイミングがあるので。今伝えていて響かなくても、ふとしたとき、さっきお話しさせていただいた私の母の本を読むタイミングがあったときのように。

受講者（Jさん）　1カ月後、2カ月後。

曽根　そうそう。ただ信じて、自分がやるべきことをする。

――次の受講者へマイクが渡る――

受講者（Kさん）　私は今まで毎日終電まで仕事をして、2時ぐらいに家に着いて、朝5時ぐらいに起きての繰り返しでした。亜美衣さんの本はほとんど読ませていただきました。本を読んでいるうちに、自分のこの生活は楽しいかなと思ったときに、まったく楽しくないと思ったんです。生活のためだけ、お金を得るためだけに働いていて、続けたいのかと思ったときに、こんな生活を続けたくないと思って、会社をやめたんです。今は派遣の仕事をしています。会社をやめて普通の生活ができるようになったら、かなえたいことがどんどん浮かんできました。ただ、あれもかなえたい、これもかなえたいと、同時にいくつも出てきて、自分がどこから取りかかっていいかもわからない。いろいろ考えていると、どうしても日常の生活の中ではいろんなことがあるので、落ち込んで立ち上がれなくなったり、すごく嫌なことにも遭遇して、なかなかいい気持ちになれないときもあります。気持ちが行ったり来たり、上がったり下がったりで、いろんな迷いが出てきたりするんです。

かなえたいことは、なかなかかなわないし、気分が落ちたときに、なかなか上がらない。そういうときにどうすればいいのかというのを教えていただきたいなと思いました。

――カードが引かれる――

曽根　読みますね。

考えることではなくて、行うことさ。（『もどってきた　アミ』より）――あなたの想いは、もう羽ばたきたがっているのではないですか。あなたの愛の翼を大きく広げ、行動に移すときが来たようです。もう十分に考えました。さあ、あとは勇気を出して、まず一歩、踏み出しましょう。

奥平　終電まで働いていたそうなので、すごく頑張っちゃうタイプだと思うから、今これを聞いたらすごく頑張っちゃいそうなんですけど。そうではなく、できることからでいいと思うんです。

受講者（Kさん）　すごく考えるので。

曽根　考えを手放して、一歩ですね。大きいことをしなくてもいいので、まず一歩から。

奥平　あれもこれもとなるのは全然いいことですけど、現実にできるところからやればいい。残りは楽しみに、とっとけばいいわけです。

受講者（Kさん）　いくつかかなえたいことが同時にあったら、その中で何でもいいから一歩踏み出す。

奥平　何でもいいから、できそうなこと、それにすごく近づかなくてもいいんです。ちょっと楽しければ。

曽根　頭の脳ではなく、心の脳に聞いて。

受講者（Kさん）　考え過ぎないように。わかりました。

――次の受講者へマイクが渡る――

受講者（Lさん）　私は1月に出産したのですが、それまではそんなに子どもが好きではなくて、子どもを産んだのも、夫がぜひ欲しいと言うので、私もいいかなと思って産んだという感じです。産んでみたら、やっぱり「かわいいなあ」という気持ちもあって育てているんですけど、ときどき、産む前の「子育てできるのかな。そんなに子ども大好きというわけじゃないしな」という気持ちが湧き起こったりします。もっと楽しく子どもと過ごしたり、ワクワク子育てしたりするにはどういうふうにしたらいいのか、何かアドバイスみたいなものが欲しいなと思って、今こちらに立たせていただきました。

ちなみに、1月に産んで、その後、退院したのですが、帰りのタクシーの運転手さんがちょっとおもしろい方で、「僕は何回も生まれ変わって、たくさん前世があるんだ」という話をされたんです。私、そのときすっごく疲れていて、すっごく眠いと思いながら、「あっ、そうなんですねぇ」と、聞いていました。

「僕は中国にも生まれたし、〇〇にも生まれたし、僕は何でも知ってるんだよ」

「ああ、そうなんですね」

「この地球にはね、宇宙人がいっぱいいるんだよ」

「あっ、そうなんですか。それ、見えないんですか」

「見えたり見えなかったりだね。でも、周りのみんなが地球をいじめちゃってるから、今ちょっと元気なかったりするけどさ、地球は生きてるんだよ」

　という話をされて、私は赤ちゃんを抱っこしながら、「ああ、そうなんですね」と聞いていました。

　その後に奥平さんの御本を読ませていただいたり、ブログを見て、こちらのセミナーのことを知りました。私はアミの本を読んだことがなかったので、すぐ読んでみたら、「あれ？　タクシーの運転手さんが言っていたことが書いてある。不思議」と思って、これはぜひ来たほうがいいということだなと思って来ました。


――カードが引かれる――

曽根　子育てにアドバイスですね。読んでみます。

きょうも小っちゃな太陽みたいな幸せの光線を発射する棒（――線部のみ『アミ　小さな宇宙人』より）――を心に持って過ごしましょう。その光線を、まずあなた自身に、そして散弾発射であなたの周りを照らし、たくさんの方々と幸せを共有しましょう。きょうあなたと会える誰かは、とっても幸せです。

奥平　子どもが生まれたばかりだから普通のことだと思いますが、多分、「子どもにしてあげなきゃ、してあげなきゃ」に傾き過ぎています。だから、「まずは自分に」ですね。

曽根　自分に光を与えて、自分が楽しいことを発射すると、子どもも嬉しい。

奥平　おいしいものを食べるとかでいいんです。産後だし、ちょっとぜいたくするわとか。

曽根　お母さんの喜んでいる姿で、子どもさんは喜んだりします。お母さんがつまらなそうにしていると、子どももそれを受け取ってしまいます。自分が楽しいことが一番です。

奥平　今は多分、「子どもを楽しませるにはどうしなきゃいけないんだろう」となっちゃっているから。

受講者(Lさん)　まず自分。心にとめて帰ります。

――次の受講者へマイクが渡る――

受講者(Mさん)　私は6月までロサンゼルスに住んでいて、亜美衣さんとはロサンゼルスの講演のときにお会いしました。そのときはTGG(豆乳ヨーグルト同好会)のTaccoさんが来るということで行ったので、そのとき初めて「こういう方がいらっしゃるんだ」「こういう本があるんだ」という感じで出会わせていただいたんです。それでLINEでつながって、ときどき、『アミ 宇宙の○○』というのが出てくるので、亜美衣さんがアミの何かを書いたのかという感じで、全然別物だということを知らなかったんです。娘がアミという名前で、そういうのもあったりして、きょうは興味があったので来させていただきました。本はまだ読んでないのですけれども、読んだらバーンと世界が広がるような予感があります。

奥平　広がります(笑)。

受講者（Mさん） 2日前の誕生日、「私は自分がパワースポットになって世界中を回ることを宣言します」と言ったんです。ただ、周りにはすごいパワーを発揮できるのですが、実は旦那さんとはうまくいかなくて、一番身近なところで愛を発揮できないんです。前までは別れたいと思っていたのですが、子どももいるので責任があるし、今は家族を続けようと思っています。そこのところをどんなふうに保ったらいいのか、メッセージを下さい。

――カードが引かれる――

曽根 読んでみますね。

僕たちは歩いている。当たり前のことだよ。それがどうかしたの？　体が不自由になった人が、数月、数年のリハビリでもとのように歩けたら、歩けるということは本当に特別で、感謝せずにはいられないことだよ。（『アミ　小さな宇宙人』より）――当たり前は感謝に、感謝は当たり前になり得る。選択次第ですね。

いろいろなことがあるから、一概には言えないけれども、やっていくのだったらば、まず……。

奥平 当たり前の幸せを築く。

曽根 幸せを見つけていく。

奥平 必ずそうしろという話ではないと思う。

曽根 それでやってみて、やっぱり違うなとはっきりわかるかもしれないし、やってみて、やっぱりよかったなと思うかもしれないし、まずそこじゃないですかね。「歩いている」という言葉。当たり前のことですが、足が不自由になった人がリハビリしてようやくまた歩けるようになったら、すごくうれしいことですよね。

受講者(Mさん) そういう心持ちで。

曽根 そうです、そうです。よく見ると、いつもゴミ出ししてくれているとか、子どもの面倒を見てくれているとか、何でもいいと思うんですが、何か感謝できるところをまず見つけていく。そうしたら、いつの間にか、「この人、感謝できることいっぱいあるじゃん」となるかもしれない。

奥平　でも、どこかの時点で「やっぱり違うな」となるかもしれない。

曽根　でも、今は、今ある生活を、という感じですね。

――次の受講者にマイクが渡る――

受講者（Sさん）　すみません、2度目で。震災のときに、例えば芸能人とか有名な人たちがものすごいお金を寄附したりとかいろいろやっている中で、僕は自分の家のトイレットペーパーがやべえと思って、コンビニに駆け込んでも買えず、むしろ自分が困っていて助けてと思っていました。同じ人間なのに、何か歯がゆいなと思ったんです。せっかく一度の人生なので、世のため人のためではないですが、僕もそういうふうに影響を与えられるような人になりたいなと思っています。

今までの人生で、自分なりにいろんな人の言葉を参考にしてきました。僕は野球部だったので、野球部の監督が言っていたことが人生の道になるかなと思いながら、そういうのを実践したりとかいろいろやっているのですが、あまり大成していません。去年、僕の会社の会長が「まずは考え方だよ」と言っていました。その人はすごくお金を稼いでいる人で、それがいいのかはわからないのですが、その会長に紹介されたのが奥平亜美衣さんの『引き寄せ』の本でした。僕は会長を「ボス」と呼んでいるのですが、ボスはどこでその本を見つけたのかわからないのですけど、僕は初めてその本を読んで、そのときに僕の中で「よし、一度この引き寄せの法則に人生を託して生きてみよう」と思ったんです。『アミ』は亜美衣さんのそもそものルーツになった本の1つと書いてあったので、僕も先月ぐらいに読んだんです。読んだときに「深いな」という感覚があった。本を読んだときに、帰り道で「UFOが見えないかな」と思ったのですが、まったく見えないです。

奥平　きょうは見えるかもしれない。きょうは「信じる度」が上がっていますから。

受講者（Sさん）　ただ、自分がやっているのは、自分の生活の中で、仕事とか、人とのかかわりとか、自分自身の感情とか、そういうのを受けて、メモをとりながら、亜美衣さんの本の「引き寄せの法則」に照らし合わせて、とにかく僕は実践しようと思って毎日過ごしているんです。実はきょう、初めてお会いするのがすごく楽しみだったんです。

皆さんも「頭ではわかっているのにできない」ということがあるじゃないですか。

僕は今週1週間仕事をしていて、一番心がすさんでいるというか、一生懸命、本気でやろうとすればするほど何かにつまずくんです。人のやっていることだったり、仕事の状況だったり。それは何でかなと思ったら、結局、自分の感情なんです。すごくネガティブな感情が出てきて、本を読んだり、自分でノートに書いて自分と向き合うと、「しまったな」とか「そのときの思考が重要だな」とか「そのときにいい気分にならなきゃな」と思っているし、「よし、明日は絶対に悪い気分にならないようにしよう」「あの人のことをこう思ったけど、あいつのいいところをもう一回考えよう」とかやっているんです。だから、「絶対きょうはいける」と思いながら、あっという間にその1日が終わって、めっちゃネガティブな感情になることがあった。

本当は、本とかも読ませていただいて、僕の中ではこの質問の答えは出ているような気がします。頭ではわかっているのですけど、せっかくこういう機会があるならメッセージをいただくチャンスだと思いました。お願いします。

——カードが引かれる——

曽根　読んでみます。

僕たちは歩いている。当たり前のことだよ。それがどうかしたの？ 体が不自由になった人が、数月、数年のリハビリでもとのように歩けたら、歩けるということは、本当に特別で感謝せずにはいられないことだよ。(『アミ 小さな宇宙人』より) ――当たり前は感謝に、感謝は当たり前になり得る。選択次第ですね。

奥平 「きょう、あの人のことをこう思わないようにしよう」とやっているだけで、かなり進歩しているんです。最初は私も少しずつでした。いい気分で1日いられるわけがないです。だから、そのままで大丈夫です。読む前と読んだ後で、もう変わっています。だんだん少しずつできるようになります。すぐに100にはならないので、いいと思います。

曽根 もう読まれたかわからないのですが、アミの本にも「どんなプロジェクトにだって、夢にだって、願いにだって、それが実現するために必要な過程があるということに気がつかなければならない」ということが書かれています。

奥平　私もやっぱり1年ぐらいかかりました。本が出る前に1年かかっていますけど。結構いい感じになってきたのは半年後ぐらいです。一番大事なのは継続です。みんなちょっとやってやめてしまいます。それだと何も変わらないんです。

曽根　これは参考になるかわからないのですけれど、瞑想をやり始めると、最初はいつもの肩凝りが気になったり、眠くなったりします。私もふだん瞑想会を開催させていただいているのですが、続けられると、最初は肩凝りばかり気になったのが、だんだん体の感覚が軽やかになっていく。そして、そのつらかった先を超えると、ゾーンに入るような感じで、潜在意識の深いところに入っていきます。そういう世界がパーッと開けるときが来るんです。その瞬間に立ち会うことがあるのですが、みんなそれぞれ自分が体験すると、一様に目を輝かせて、「きょう、こうなった（世界が開けた）」とおっしゃるんです。そこまでには、肩凝りがあったり、眠くなったりがどうしてもあるんです。よく言いますよね。スタートラインから成長して、途中で何かよくないことがあっても、1回上がっていると、そこから下がったところと、もともとのスタートラインとは、絶対に違うと。ほんの少しだとしても進歩しているのです。

だから、一歩一歩進まれるのがいいかなと思います。

――次の受講者へマイクが渡る――

受講者（Oさん）　本当は私、人前で話をするのがすごい苦手で、ドキドキしています。亜美衣さんにも先ほど聞いてもらったのですが、私は2回離婚しています。子どもは大きくなって、今は私1人で暮らしています。でも、やっぱりすてきな人と一緒に人生を歩んでいけたらいいなと思います。

欲しい欲しいと思っているときはだめで、自分を楽しませようとか、行きたい旅行に行ったり、食べたいものを食べたり、着たいものを着たり、自分のやりたいことをやっていたら、そんなに欲しい欲しいとならなくなるんですね。でも、すてきな人が現れたりしても、こんな年齢なのに、そんなふうに思っていいのかなと、いつも年齢がどうしてもひっかかっちゃってだめなんです。そこをどうやって捉えていったらいいのか。お願いします。

――カードが引かれる――

曽根　では、読ませていただきます。

単に想像するだけだよ。でも、それを現実に投影できるような強い力が必要だけど。（『もどってきた アミ』より）――あなたが望む世界を創造していくために、強い信念を持って、想像して創造していきましょう。どれだけ思いを込められるか、心を込められるか、愛を込められるかが大切です。軽やかな強さを持ちましょう。

奥平　まさに、まさにです。本当にいいんです。

受講者（Oさん）　いいんですか。

奥平　いいんですよ。年なんて関係ないです。

受講者（Oさん）　本当ですか。

曽根　ここでこうやって勇気を持って話してくださったじゃないですか。それが大事じゃないかと。言葉にすることで、願いのエネルギーを飛ばして、今、一歩進まれたと思います。

奥平　どんどんピンクを着てください（笑）。

質疑応答

奥平　次からは、『アミ』のことでも、人生相談でもいいです。同じようなことなんですけど、カードなしで答えていきます。よかったら石井さんも。3人で答えていったらどうでしょうか。

受講者（Pさん）　ちょっと聞きたいことがあるんですけど、自分のことで申しわけないのですが。私は3年ぐらい前に、何をやってもうまくいかない人生が嫌で、どうにかして自分を変えたいと思って、いろいろ検索していたところ「引き寄せの法則」というのを知って、亜美衣さんにたどり着いたんです。何をしてもうまくいかない人生を歩んできたものだから、波動の調整をするのもすごく時間がかかって、最近、やっと自分のやりたいことを見つけました。

亜美衣さんの本のつながりで、『サラとソロモン』と『アミ』の本を読みました。『サラとソロモン』は何度も読んで、「何を見ても味わいを入れましょう」とか、自分の教訓になるようなことが書いてあるから、「私もそうしよう」ということで取り入れやすかったけど、『アミ』のほうは、まだそこまで自分が行っていなかったというか、そもそも宇宙人を信じていなかった。ただ、「愛」というのだけは覚えていて、最近、仕事とは別の、すごくやりたいことがやっと見つかったので、ぜひ、愛のあるメッセージが欲しくて、きょうは、はるばる東京まで来ました。

私は動物がすごく好きで、「殺処分」という言葉を聞くたびに、すごく悲しい気持ちになる。震災のときも、もちろん被災された方を見るとかわいそうだなとか思うんやけど、それ以上に動物たちが悲惨な状態になっているのを見ると、すごく悲しかったりして、自分は殺処分をゼロにするような活動をしている人たちと同じようになりたいと思っています。亜美衣さんの本を読んだら、「殺処分」とか、悪いことに意識を向けると、それを引き寄せちゃう。自分なりに考えて、動物と人間が仲よく暮らせる世の中にしていきたい、それを引き寄せたいと思っていたら、ひょんなことから、今、夢がかないかけているんです。

職場で、大けがをしていた野良猫に遭遇して、今は連れて帰って保護している状態です。足を切断して、けがもまだ治っていない猫が家にいるんです。地域のボランティアさんにもいろいろ連絡をとってみると、自分の思い描いていたような活動ができないというか、その中で裏切りもあったり、「あなた1人でやりなさい」と言われたりもしました。「自分1人で立ち上げていこう」と前向きに考えられるときもありますが、家族とか職場の人とか周りの人に「動物ごときで」と言われることがとても多いのです。私のやっていることは間違っていないとわかってはいますが、「すごいね」とか「頑張ってね」以上に、「まずは人やろ」とか、あまりにも周りから批判されることが多いのです。それはもちろんそうなんだろうけど、でもやっぱり私のやりたいことは動物の命を守っていくことです。それって「愛」じゃないかと思うのですが、あまりにも周りから批判されると、自分は「愛」にたどり着けないのかなと思ってしまいます。でも、私はやりたいことはやっていきたいんです。

さっきの宇宙人に会ったというNさんの話では、宇宙人は何をしに地球人に会いに来るのかという質問に、指導しに来るのだと答えておられました。そのお話も、まずは人なのかな、動物じゃないのかな？　と思いながら聞いていました。その辺は答えはないのだろうけど、どう思われているのか、私のやっていることはどうなのかというのを聞きたくて。教えてください。

奥平　「まずは人」と思う人と「まずは動物」と思う人と、両方いていいんです。自分の気持ちは、もう固まっているじゃないですか。それは大事にされたらいいと思うんです。「すごく反対される」というのは、多分、自分の中でも「やっぱり人に行かなきゃいけないのかな」とか、そういう思いがまだ残っているからです。「人ももちろん大事だけれども、私のやりたいこととしては、動物を大事にすること」というのを、もっともっと固めていくと、もう誰も反対しなくなります。なので、気持ちは結構固まっているし、「これだ」というのは見えている感じなので、そのまま続けていかれたらいいと思います。

曽根　人には役目があります。だから、「自分の役目」と思えばいいのです。エネルギー的にいうと、動物は私たちにいろいろなことを教えてくれます。どちらかというと、私たちの師です。そういう意味では、「師匠よりも、目覚めていない人間を先に助けてあげたほうがいいんじゃないの？」という考え方もできます。だけど、何が正しいということはないので、自分が大事だなと思って、そこに心引かれるものであれば、それこそアミが言う「心の脳」でそう思うのであれば、やっぱりその道です。

奥平　すばらしいと思いますので。

曽根　動物は私たちにいろいろなことを教えてくれるでしょう？　その教えてくれる動物を守る役目をしたいと思われるのは、すごく崇高なことだと思うのです。だから、自信を持ってされるといいと思います。

奥平　自信を持てば持つほど、周りはだんだん反対しなくなります。

曽根　それは結局、人間のためになっていることなので。

受講者（Pさん）　人間につながりがある。

曽根　そうです。愛とは、循環するものです。何でも縁なのでね。

――次の受講者へマイクが渡る――

受講者（Qさん） 初めまして。私は奥平亜美衣さんにお会いしたくて参りました。

奥平 ありがとうございます。

受講者（Qさん） 東北地方から来たので、ちょっとなまりがあるかもしれません。亜美衣さんの本をいろいろ読ませていただいて、自分を変えようとしています。あと、ほかの方のいいところを見つけようとしています。怠け心とか、面倒くさいなとか、自分の嫌な気持ちが出るときもあるのですけれども、楽しいことを優先していきたいなということもあります。

ただ本を読んでいるだけじゃなくて、やっぱり実践をしないと亜美衣さんのようになっていかないのかなというふうに、今ちょっと思っています。そうなんでしょうか。

奥平 本を読んで楽しいとか、読みたいから読んでいるという時間はもちろんいいのですけれども、そこから何も実生活に生かされなければ、やっぱりそのままなんです。実践あるのみです。

受講者（Qさん） そこはちょっと頑張らないといけない。

奥平　最初は習慣を変えていく感じなので、無理するとか、すごく大変なことをするわけではないですが、やっぱりちょっと頑張る感じはあります。今までとは違う見方をしていくという意味において、私も最初は頑張っていました。

受講者（Qさん）　実践プログラムというのも購入して、ずっと聴いていなかったのですけど、最近、聴き始めました。それは1週間、1週間あるみたいなんですが、それを短縮してはいけないのでしょうか。

奥平　自分のペースで全然いいと思いますが、今出している波動をガラッと変えるには、やっぱり半年ぐらいかかります。人にもよりますから、絶対に半年ということじゃないですけど、大きく見てそれぐらいはかかります。「短縮してはいけないんですか」の質問の裏に、「早く変えたい」「今が嫌だ」というのがあると思うんです。それだと変わらないです。早く変えようというよりは、タイミングもあるし、もうちょっと流れに委ねて、今を楽しむほうが大事です。

受講者（Qさん）　楽しみながら頑張るんですね。頑張りながら楽しむ。

奥平　その「頑張る」という言葉の定義もありますが、「頑張る」というのは「楽しくない」という意味じゃないんです。例えば、会社でやりたくない仕事を押しつけられてやるのはつらいじゃないですか。だけど、今やろうとしていることは、自分がやりたいからですよね。ただ、最初は何をするのでも練習が要ります。そういう感じですね。自転車に乗るのも最初は練習を頑張りますよね。でも、やりたいからやる。早く乗りたい気持ちはわかります。それは別に持っていていいのですけれども、やっぱりある程度練習しないと乗れないと思うんです。

――次の受講者へマイクが渡る――

受講者（Rさん）　私は2015年に奥平さんの『「引き寄せ」の教科書』を何かのきっかけで初めて読みました。その前に「引き寄せ」は2年くらいやっていて、うまくいくということは感じていたんです。ただ、私も離婚していましたし、仕事をまたゼロから始めたときに、どうしても日々の経済的なこととか精神的な部分で、不安との葛藤で、不安が自分を潰しそうになるんです。そこが苦しくて苦しくて、奥平さんの本に出会ったときに、「ああ、そうなんだ。今の気持ちがわからなきゃだめなんだ」と思って、ガラッと変わってきた。その前に瞑想だとか、ある程度いろんなことをやっていて、ちょうどコップの水がいっぱいになったときのように、そこに幸せ感の部分がちょうどマッチして、だんだん願いがかなっていった。おかげさまで今は、毎日いろんなことはあるのですが、それはみんなと一緒に笑いながら解決していけるネタになるような形になってきました。

皆さんの気持ちは自分も通過してきたところです。私も「ありがとう」を毎日１０００回言ってみたりしました。それは時間がたたないと腑に落ちてこなくて、そのときには腑に落ちないんです。「ホ・オポノポノ」をやったり、全部やりました。

奥平 やりたいことをどんどんやっちゃえばいいんです。

受講者（Rさん） 全部全部やって。何かにありがとう、何かにありがとうを全部やってみたら、いつの間にか「ありがとう体質」になっていた。振り返ったら、「あっ、変わっていた」という状況になってきて、今気づいたら、60じゃん、還暦だ。

奥平 見た目がお若いですね。

受講者（Rさん） 「12年を5回やったんだ。もう一回振り出しだな」というふうに思えた。みんなに「できるんだよ」ということを言いたいんです。そうすると、またその次の夢が見えてくる。自分の中で、またその先で「無理じゃない?」という夢が何となく見えてくるんです。

ここから質問に入ります。今までの部分は、自分のつらかった部分の告白編です。

奥平　今のは、やればできるんだよと。

受講者（Rさん）『「引き寄せ」の教科書』は2冊、両方とも宝物です。大きな夢が見えてきて、自分が幸せになればなるほど、みんなと幸せを共有したいという気持ちが、こんな私でも湧いてくるんです。動物愛護精神とか全然ない私でさえ、みんなと幸せになりたいと思えてきた。

でも、さすがに、何となく浮かんできた夢は、語学力だったり、世界とのコミュニケーションとか、いろんな部分を思うと、今世ではちょっと難しいのではないかという気がします。「しようがない、来世か」と思うわけです。でも、来世といっても、やっと60年かけてここまで来たものを、すべて忘れて、また生まれ変わって、また60年かけて、また「来世か」と思い続けなければいけないのかなと思うと、「ああ、どうなるんだろう」と、変なところでそういうふうに思ってしまいます。

奥平　生まれてきたときに、好きなもの、やりたいこと、できることは決まっているじゃないですか。それを受け継いできているから、ゼロにはならないと思います。

受講者（Rさん）　この今世で、はっきり言って、全部自分で勝手に苦しんだことではあるんですけど、できることなら、それを全部覚えていて、次の人生に生かしたいなというふうに今は思っています。

奥平　今世も別に諦めなくていいと思います。全部自分の力でやろうとしたら難しいかもしれないけれども、語学や他で助けてくれる人が現れて、バーッとできちゃうこともあり得ます。

受講者（Rさん）　わかりました。では、希望を持って次の60年に向かいたいと思います。

曽根　希望は、いつも満ち溢れています。先ほどの来世のことですけれども、いいことも悪いことも持ち越します。今、いろいろなことに目覚めて蓄積されたものは、確かにオギャーと生まれて一度忘れるのですが、今世歩んできた道よりも、もっと楽に行くことができます。逆に、今世に何か執着みたいなものがあると、それを持って生まれてしまうので、それは今世で、できるだけ手放していくことが大事です。今はすごく目覚めた状態だと思うので、来世はそれをベースにして生まれていらっしゃると思います。

——次の受講者へマイクが渡る——

受講者（Hさん）　もう一度質問させていただきます。さっきチラッとお話ししたのですけど、もう20年近く、アトピーもあったりとか、すごく苦しい時期がありました。今は「やっぱりこの状況も意識がつくっていたんだ、自分が設定してきたのかな」みたいに思うんです。それでも自分としては、「治したいに決まってるじゃん」という意識と、まだ「なぜ自分は苦しんできたのか知りたい」欲求がすごくあります。顕在意識では治したいけど、カルマがあるみたいな、いろんな本を読むと、そういうことが書いてあって。

ここ2年ぐらい、自分の気持ちが落ちていて、後悔していたわけです。あのとき、もっと「引き寄せの法則」を知っていたらもう少しよくなったんじゃないかとか。でも、「大切なのは今でしょ」と言われちゃうかもしれないのですけど、自分としては、周りから見ても相当壮絶に苦しんでいた思いがあって、それを「報われたい」という気持ちとか、「意味があるなら知りたい」という探求心もまだちょっと残っています。近未来、本を書くつもりでいるのですが、そのためにも今、情報収集をしたいんです。

何のためにそういうことを経験したのか。もともと私のメニューというか、ブループリントで持ってきたものと思うのが楽なのか。意識だけがつくっているのか。その構造がよくわからないので、その辺を知りたい。それと、後悔をどう手放すか。「今がいい」と思うのがいいとは思っているのですが、結局、女性であれば多分願うような結婚とか出産を私は今まで経験せずに来てしまったので、悔しいとか、目を背けたいというのが正直ありました。いわゆる現世的に後悔しちゃっている。集合意識で「こうあるべき」みたいなものを離れて、どういうふうに感じればもっと楽になって、もっと人に話ができるのかなというきっかけが知りたいです。

奥平 ブループリント的なことはあると思うのです。絶対こうだとかじゃなくて、こう思うというだけの話なのですが、あると思います。でも、意識がつくっているというのも両方正しいんです。結局、どう意識を持つかというのもブループリントに載っかっているのではないか。ただ、その何かが決まっているからといって、人生が楽しくないということは絶対なくて、今ここで「こうするぞ」と思うのも多分ブループリントに載っているんです。だから、決まっているとか決まっていないとかはあまり気にしなくてよくて、「今、こうしたいんだ」という気持ちを大事にしたらいいと思います。そうしたら、その方向にちゃんと行くんです。後から、「ああ、これは決まっていたんだな」と思うという感じだと思うんです。

もし結婚したければ、今からでも全然いいのです。自分はどうしたいのかというところは、ちゃんと手に入るようになっているんです。こういうことに出会って、こういうことがよくわかってきて、自分の人生をつくるようになったら、だんだん後悔を捨てられるので、無理に消そうとしなくてもいい。後悔があるということは、望みがそこにあることに気づかせてもらえたということです。

受講者（Hさん）　姉がいるんですけど、普通に働いて、結婚して、子育てして、あだこうだ言いながらもやりたいことをやっているのを見ちゃっているものですから、どうしても比較してしまって、メラメラした感情が出てしまう。子育てとかもしてみたいと思うのですが、それも今の思考で言うと、多分もう無理な年齢に来ているなと、どうしても思ってしまって、「本当に望んでいるのかな？」という気持ちもあるんです。それはどう理解すればいいですか。

奥平 でも、メラメラくるということは、やっぱり望んでいるところがあると思うんです。あと、年齢的なことは、私の直接の知っている人で、日本人ではありませんが、60歳で産んだ人がいるんです。だから、年齢はまだ全然若いと思うので。今は45歳とかでも普通に産んでいるし、ネットとかで見ても50歳とかで産んでいる人はいっぱいいるから、あまりそこで制限せずに、「欲しいものは欲しい」で。

受講者（Hさん） 執着してああだこうだ考えるんだったら、ただ「欲しい」と投げていたほうがいいとは思っているのですけど。

奥平 そうですね。素直に「こうだったらいいな」と。お姉ちゃんがそれを見せてくれていたのかな。もちろん本当に欲しいかどうか、ちゃんと問うのは大事です。もしかしたらそうじゃないのかもしれないし、そうなのかもしれないけれども、多分、そういうことをしたい、ちゃんと生きたいという欲求がすごくある。

受講者（Hさん）　そうかどうかわからないけど、メラメラ思っているということは多分そうだというぐらいで、あまり考えずに、「欲しい欲しい」とか「そうなる」というのを描いていればいいのですか？

奥平　「欲しい」というか、「こうなったらいいな」ということですね。

受講者（Hさん）　カルマ問題もあまり考えないほうがいいですか？

奥平　それが今の自分の人生を邪魔するわけじゃないんです。もちろん何か関係あるとは思います。でも、それが糧になることはあっても、邪魔することはない。

曽根　ただ、心の癖というのがあるんです。過去世の記憶、例えば高所恐怖症とか水恐怖症とか、よくスタジオにもお越しになるのですけれど、ある方は、小っちゃいころに高いところや水で怖い経験をしたことは一切ないのに、なぜか怖い。それは、過去世にそういう怖い思いをしたのを持って生まれてきたからです。その場合は、心の癖を解放してあげたほうが生きやすくはなります。それは単に癖で、幻想のように持っちゃっている感じなんです。そこだけは解放してあげてもいいかもしれません。

受講者（Hさん）　私の場合ですと、顔だけ赤くなってしまうのは、「人前に出るのを避けるように」という意識がつくっているというのを最近読んで、だから出たくないのに、逆じゃんと思っていたので。でも、出たい欲求がものすごく出てきちゃっているから、逆にそれは、思えば治るというか、戻るのかなみたいなところで、カルマに興味があったんです。「本当は出たくない」という設定にしなければ、「あなたが出たいと思わないよ」みたいな、逆説的な何か。

曽根　そうですね。源(みなもと)になっている部分を書きかえることができます。

受講者（Hさん）　そのために、わざと気づかせるような出来事を起こすという意味で興味はあったんです。楽しければいいんですかね。

奥平　そうですね。本当はコントラストで、最初のカードもそうだけど、いいことしかなければ、何がいいかわからなくなっちゃう。だから、そういうものを見られるような人生を設定してきた可能性は十分あると思います。

――次の受講者へマイクが渡る――

受講者（Tさん）　思考で現実をつくるときに、「こうなりたい」とか「こうあってほしい」ではなくて、そうなった自分というか、備わった感情を持つと言いますけど、それと「宇宙にオーダーしましょう」とかいうのもあるのですけど、その違いを教えてください。

奥平　今は何が望みですか。具体的にいきましょう。

受講者（Tさん）　すてきなパートナーが欲しいです。

奥平　パートナーとラブラブになりたい？

受講者（Tさん）　はい。

奥平　「ラブラブになっていたらいいな」だけでいいんですよ。それがオーダーしているということです。どこが疑問ですか。

受講者（Tさん）　オーダーするというと、「それが欲しい」と言っているみたいなのかなと思って。何か違いがわからない。

奥平　「欲しい」でもいいんですけど、「ないから欲しい」じゃなくて、「こうなったらいいな」だけ。「ないから」が要らないというか。「こうなっていたら何てすてきなんだろう」という意識が大事なんです。ただ「すてきだな」、単純にそれだけでいいんです。「すてきだな」と思うと、何か温かくなりますよね。それが大事なんです。

受講者（Tさん）　それだけでいい。

奥平　それだけです。みんなその後に「でも、今はいないし」「いい男はいないし」とかになっちゃうわけです。そっちは要らない。すぐにはできないと思いますけど、そうなってきたら、「すてきだなと思っていればいいんだ」というふうに、ちょっとずつ、ちょっとずつ。

受講者（Tさん）　「すてきだな」と思っている感情を感じていればいいということですか。

奥平　そうです。ここで何かうっとりするんです。それがつくっているということなので。

――次の受講者へマイクが渡る――

受講者（Uさん）　私は、奥平さんの本は職場に置いてあったのを最初に見つけて……。

奥平　すばらしい職場です（笑）。

受講者（Uさん）　今は『「引き寄せ」の教科書』が大好きで、改訂版も含めて3冊持っていて、いろんな人に勧めたいなと思っています。

カードのメッセージをもらいたいのですが、大丈夫ですか。奥平さんの本を読む中で、アミの本は当時つき合っていた彼に勧められたのですが、そのときはあまり興味がなくて、ファンタジーなお話なのかなと思って、ちょっと読みかけたんですけど、その先は読まなかったんです。3年後、同棲を始めたころに、また彼から「読みなよ」と言われて、2回目だったのでちょっと気になって、それから3冊読みました。

カードのメッセージが欲しいというのも彼に関してのことです。彼とは3年ちょっと一緒に暮らしました。彼はご両親がいなくて、誰かと一緒に暮らすことがもともと苦痛だったみたいで、結婚願望もないことがわかって、今では同棲を解消しています。きっと彼と私の家庭環境が違い過ぎたんです。アミの本のことを知っている人は数少ないので、アミの話をする相手もほかにいないし、スピリチュアルのこととかに興味のある人も周りには少ないんです。そういうこともあって彼とは同棲を解消してからも連絡をとり続けていて、それがいいのかなというのがずっとあって。

私は結婚もしたいので、彼にフォーカスがいってしまうと、引き寄せの法則で次に行けないのかなという迷いがずっとあります。でも、彼とは興味のあることが似ているので、話をしていると楽しいしという感じで続いています。そのことに関して、このままでいいのか、メッセージが欲しいなと思っています。

――カードが引かれる――

曽根　読ませていただきます。

愛が幸福に向かう唯一の道だってことを忘れないようにね。（『アミ 小さな宇宙人』より）――もしも毎日の生活に流されてしまっていたら、もう一度あなたの原点に立ち戻ってみましょう。あなたの志、あなたの愛、軌道修正は、いつでも何度でも可能です。愛にフォーカスして歩いていきましょう。

奥平　彼のことは好きなんですよね。

受講者（Uさん）　はい。何かもう家族愛みたいになってしまっているのか、彼の家庭環境に同情してしまって、ほっとけないのかなという。

奥平　じゃ、彼じゃないのかもしれないですね。でも、その「結婚したい」というのは持っていてよくて、多分、誰か現れると思います。彼が変わるか、現れるかどっちかです。彼と連絡をとっちゃいけないとか、そんなことは全然ないと思うんです。家族愛であっても、愛は愛だし。ただ、「結婚してこういうふうにしたい」、「こうなったらすてきだな」というのを持っていると、彼が変わるか、そういう人が現れるかしますので、そのときに、また彼との関係を考えたらいいんじゃないでしょうか。

受講者（Uさん）　彼のことに関しては、悩まずに。

奥平　そうそう。普通にしていればいい。

セミナーまとめ

石井　お時間になりましたので、最後に一言ずついただけたらと思います。

曽根　会の冒頭の誘導瞑想で、皆さんにアミと出会ってもらって、アミも見守ってくれながらこの会が進みました。最初は、ちょっと勇気が要ったかもしれませんが、だんだんたくさんの方が手を挙げてくださって、すごく楽しい会になりました。この場に参加できたことを、とてもうれしく思います。ありがとうございました。

(曽根さんに著書が手渡される) せっかく持たせていただいたので、ご紹介なんですけれども、ヒカルランドさんから2冊の本を出させていただいています。

最初に出した本が『超直感力の目覚め　流　光次元リーディング』です。アミと出会ったときのことも、書かせていただいています。

そして、こちらは『《龍の御使い》ドラゴンライダー　龍神からの「光次元」メッセージ』といって、きょう過去世の話やエネルギー的なことをお話しさせていただきましたけれども、不食、ものを食べないようになったときに、過去世の記憶などもバーッとよみがえってきたんです。その中の1つに、ドラゴンライダーだったときの記憶があって、アトランティスや、レムリア、ムー大陸など、アミの本の中にも出てきますが、今、ムー大陸からのエネルギーが地球に押し寄せているのですけれども、そんな超古代に、ドラゴンライダーをしていた記憶をもとに書かせていただきました。光と植物が人間の心と体と魂を清め、整えていくためにとても大事だということや過去世やエネルギーを書きかえて心の癖を手放したり、生き方を変えたりすることを書かせていただいていますので、そういうことに興味があれば、ごらんになってください。

両方とも龍神に導かれて書いた本なので、龍神が好きな方、ご縁のある方も、ぜひ、ごらんになってください。

私はふだんはセラピストをしています。チャネリングや、ヒーリング、カウンセリング、過去世退行などをさせていただいています。興味がある方は、スタジオの方でも、またお会いしましょう。

きょうは本当にありがとうございました。（拍手）

奥平　きょうは「アミを語る会」ということで、いつもとは一風違った会でしたが、たくさんの思いがけない話が出てきて、すごく楽しかったです。アミも、みんなが、それぞれ1人1人が生き生きとすることを望んでいると思いますので、自分の心に従って、自分の道を生きていってほしいなと思います。

きょうはありがとうございました。(拍手)

石井 どうもありがとうございました。

第二部　みんなのアミストーリー〜読者編〜

『AMI　Your Story』より

『小さな宇宙人　アミの言葉』（ヒカルランド）の巻末にて募集いたしました、読者のアミにまつわるお話、『AMI　Your Story』。お寄せいただいたお手紙の中からいくつかご紹介いたします。

また、この度は掲載しきれませんでしたが、たくさんのお手紙やメールをお寄せいただき、誠にありがとうございました。

先日の奥平亜美衣さん『小さな宇宙人　アミの言葉』刊行記念セミナーに参加させていただきました。後に感想を送りましたが、本の最後に『アミ』ファンブック企画があることを知り、この中であのエピソードを共有できたらどんなにいいだろうと思い応募してみようと思いました。

6年7ヵ月前（2010・9・9）、私の父が肺炎のため3週間の入院の末亡くなったのですが、喋ることがだんだん難しくなる中メモを残してくれました。それは……

『俺は今宇宙を飛んでいる。ここでは食事も、水も、トイレも不要。すべてバーコードによって管理されている。やることがないから、ヒマだ。』

というものでした。

この言葉から私は〝宇宙〟というものに興味を持つようになりました。そして転生や過去世、天使や上の存在をだんだんと信用できるようになり、自分を少しずつ好きになることができて、感じ方も随分変わり、

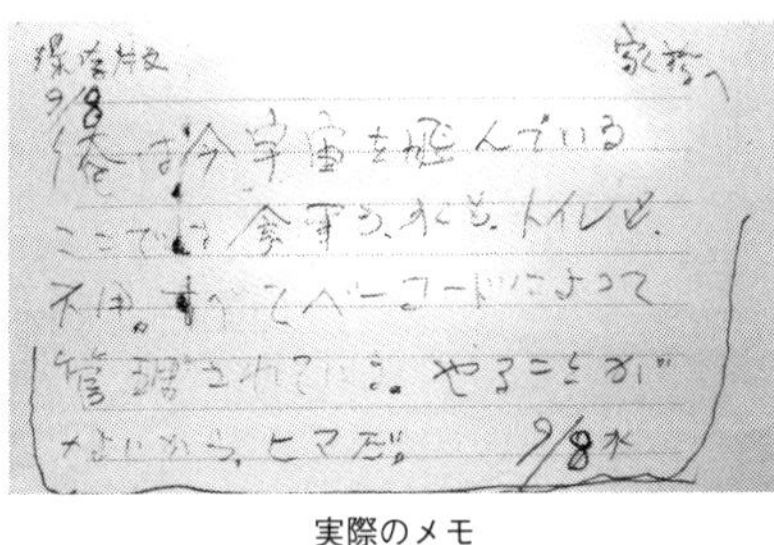

実際のメモ

今こうして亜美衣さんと会うことができたわけです。ただ〝食事やトイレが不要〟とか、〝バーコードによって管理〟とはどういうことなのか今ひとつ理解できていませんでした。でもセミナーの最中ふと思いついて、そういえばアミの宇宙船にはトイレの代わりになるような部屋（?）があるし宇宙のクルミもある、バーコードというのはもしかしたらスーパーコンピューターのことか!?と。それなら一気に納得できます。そうだとしたら、父はベッドにいながらにして宇宙船に乗ったことになります。そしてその世界を見てきたのかもしれません。

宇宙＝怪しい、見えない世界を語る人＝怪しいと、宇宙に対して何も信用していなかった私に宇宙の存在を教えてくれた父。そこから亜美衣さんやアミの本に繋がり、セミナーに参加する中で父の言葉がようやくわかった。ここで気が付くようになっていたんだとさえ思いました。きっとアミの本に出会わなかったら私はまだ〝トイレ〟や〝バーコード〟に疑問を持ったままだったでしょう。

またこの6年7ヵ月は、宇宙を知らない私にとって納得するのに必要な時間だったのだと今思えます。見えない世界を怪しい……と全く理解していなかった者が変わるためには、順を追って示していく必要があったのでしょう。亜美衣さんからまず自分を好きになる方法を教わってからアミに出会えたことも、すべて完璧な流れの中にあったのだということに気付きます。

アミ『ファンブック』により、父が私に教えてくれたことがひとりでも多くの人に伝わるとしたらこんなに嬉しいことはありません。

最後に、父に、アミに、すべての人に感謝いたします。

井上美佐子

はじめまして。こんにちは。

私がはじめてアミに出会ったのは、2007年9月4日のことです。妊娠7ヶ月の早産、800gで生まれたアミは小さな小さな女の子でした。そしてお別れしたのは10月10日、生後36日のことでした。

それから月日はながれ、2015年10月、亜美衣さんのブログに出会い、引き寄せを知り、すぐに「いいことノート」を始めてみました。ブログの中で『アミ 小さな宇宙人』の本を知り、年末に友人の家で見つけてすぐに貸してもらいました。が、はじめて読んだのは、2016年4月のことです。

余談になりますが、5月に入り、亜美衣さんもご存知のHappyさんのブログにも出会い、アミの誕生日がHappyさんと同じ（9月4日）だったのでびっくりしました（笑）。

そんなながれの中で、少しずつ、本当に少しずつ、自分の心を大事に、今を大事に日々過ごしはじめたところです。

スピリチュアルに関しては全くの無知だったのですが、スピリチュアル的なこともたくさん感じています。

一度は神様にさえ、悲しみと怒りを向けて心を閉ざしたのですが、今はまた、神様からの「大丈夫」というメッセージを目に見える形で感じられるようになり、その都度「ありがとうございます」と言えるようになりました。

そんな中、ここ最近「アミ」というキーワードが私の中にすごくきていました。なんでかな……アミ、アミ、アミ……。

TVを見ても、アミという名前の人が多い……と思っていたところに、この本『小さな宇宙人 アミの言葉』の発売でした。しかも、たまたま発売日にたまたま本屋さんに立ち寄り出会いました。

そして、心に強くひびいた言葉が2つ。

（P78）死「死なんて、どこにも存在していない。神がそんなこと許すほど悪だと思っているの？　ただ状態の変化があるだけで、魂は永遠なんだ」

（P90）「重要なのは、一人ひとりが内面にあるほんとうの自分のすがたを、外にむけて表現することなんじゃないかな？」でした。

なんと書けばいいのでしょうか……。

アミは魂となり、自由にとびまわっているのだ。

アミとつながっている感覚、頭の上にいる感覚を感じて、心が少しホッとしてあたたかくなったのです。

そして、あの36日間のことを思い出し、涙があふれました。

アミとは、いつでもどこでもつながれるのだと感じました。


最後に、手紙を募集するというのを読んだ時、なんともいえない衝動にかられてペンをとりました。

今、私は本当に「小さな宇宙人アミ」に出会ったのかもしれないと思っています。

P.S. アミは漢字で書くと「愛未」愛あふれる未来へという願いをこめました。
最後まで読んでいただき、ありがとうございました。

亜美衣さんに出会えたことに感謝します。

Ａｍｉｋｉ☆

＊送っていただいたお手紙にＡｍｉｋｉ☆様のご住所が書かれておりませんでした。本書をお読みいただいておりましたら、弊社までご一報お願いいたします。

私が『アミ　小さな宇宙人』と出逢ったのは、今から約10年程前のことでした。読みやすく、あっという間に読み終えました。

体調を崩し入院した際のことでした。『アミ　小さな宇宙人』のＴＶ化がさくらももこさんのアニメで実現したら、どんなにすてきなことでしょうと夢見て、単行本の出版社である徳間書店さんに手紙に書き始めました。

小さな子供達が、親しみやすいまるこちゃん風のアニメのかわいい方々。その方々が宇宙の真実を話し、時には笑えるストーリーを、わかりやすい言葉でTVを通して広める。

なんてすてきなことだろう……。

手紙を書いていたのは、病院だけど、そうは感じさせない今風の大きな食堂兼休憩室。

あたたかく居心地のよいその空間から見える窓越しの景色には、いつも癒やされていました。時々その景色を眺めては、書き進めました。

その日は、よく晴れわたった日で、青い空とまわりの緑や山がとても調和して、ずーっとむこう側まで見ることができる日でした。

そして書き終わり、徳間書店さんの、御意見係さまの宛名を丁寧に書いた封筒に入れ、封を閉じました。

小さいけれどひとつのことを成しとげたという充実感が、胸から体に広がっていくのを感じながら、ふと顔を窓の外の方に向けると、信じられない光景が広がっていました。

そこから見えたのは、上空にぽっかりと浮かぶ大きな大きな白い雲でできたきれいなハートマーク！

偶然できたとは思えない程の完璧でやさしいデザイン。ふちが少しもこもこしていて、その大きさの割には、かわいい感じのするハートマークでした。

まるで、アミちゃん達が、おれいとおうえんをしてくれている、そんな気がしました。

ヒカルランドさん出版の亜美衣さんの本を読み、このような形で募集があったので、手紙を書かせて頂きました。

選ばれる選ばれないにかかわらず、このような機会を与えて下さったことに感謝します。

そして、TV化が難しくても、インターネット上などでのアニメ化（さくらももこさんによる）が実現したら、どんなにすてきなことでしょう！

ちなみに私は、まるこちゃんやさくらももこさんと同じ誕生日なので、何だか嬉しいです。

最後までお読み下さいまして、本当に有難うございました。

皆様の御活躍を心よりお祈りしています。

石川県　前河竜志（まえかわたけし）より

アミがあなたにもたらしたもの～タイムカプセル～

約17年前に徳間書店に寄せられたアミシリーズへのファンレターは、長年の間、当時のシリーズ担当編集者＝現ヒカルランド社長のもとで大切に保管されていました。本書刊行にあたり、その大切なファンレターをお預かりし、封筒に書かれた当時の住所宛に勝手ながらアミのマークを添えて　手紙を書かせていただきました。

その結果、幸運なことにお二方と連絡がとれ、本書への執筆をご協力いただきました。お二方の過去のファンレター、そして近況とともに「アミがもたらしてくれた奇跡」について書いてくださったお手紙をご紹介いたします。

〈17年前のファンレター〉

『アミ 小さな宇宙人』を読んで、私の視界はパァーっと広がった様な気がしました。世間一般で言われる「常識的な大人」なら、馬鹿げていると思うかもしれませんが、私には、なんだかすべてが納得できたような気がしました。私が今まで生きてきた19年間に感じていた疑問も、アミは解いてくれました。

私は時々、今のこの世界に生きていることがつらくなったりすることがあります。「どうしてもっと違った考え方ができないんだろう。」と、思い悩むことが、たくさんあります。たいてい、そうやって悩む時の内容は、今すぐ自分一人では、どうにもできないことです。でもアミは一人一人がもっと人を信じて武器を手放すだけで、今すぐにでも世界は平和になる、と、教えてくれました。まさに目からウロコでした。

でも、本当はそういうことだったんですね。本当はとても単純で、簡単なことなのに、人は、それを複雑にして、どんどん難しいものにしてしまったのだなぁ、と思いました。正確には、物事を複雑にしてしまうのは、大人ではないでしょうか。子供なら、誰もが知っているのではないかと思います。そう考えると、子供が、ふっと口に出す言葉は、とても単純だけど、的を射ていることが多いような気がします。それを聞いた大人が、大人の世界観で、勝手に壁をつくって、せっかく広がり始めようとしている子供の考え方を、狭くしてしまうのかもしれません。でも、実は、大人の中にも、子供の時のように、広い考え方をできる人が、結構いるのではないかと、最近、思うのです。ペドゥリートのおばあちゃんのように、時代、世代関係なく、宇宙の基本法が愛だということを知っている大人も、きっとたくさんいるはずです。ただ、口に出すことはできないかもしれませんが。

アミはペドゥリートとビンカを、色々な進んだ星に連れていってくれました。もちろん私も。

でも、ペドゥリートもビンカも私も、自分の星、自分の世界へ帰ってからが本当の試練だと思いました。ペドゥリートやビンカが、今の世界より、進んだ世界へ行きたいと思ったように、やっぱり私も進んだ世界と今の世界を比べてしまって、今の世界にがっかりしたりしました。でも、アミは、一人一人が自分にできることをしないと、世界は変わらず、最後には滅びてしまう、と教えてくれました。私は、アミに出会って「そう、私もいつも愛を持って自分にできることをやればいいんだ」と、今の世界でがんばる気力が湧いてきました。自分にできることとは、私達が本当にできる範囲でもいいと、私は思います。

例えば、私もいつか結婚して、子供を産むことになるかもしれませんが、その時自分の子供が、愛がいっぱいつまった人間に育つようにがんばることも、すごくすごく大事なことに思えます。それに、私は今、音楽大学に通っているのですが、音楽を通して、周りの一人一人にアミの教えてくれたことを伝えてみたりすることも、私にできる仕事です。不思議と音楽は、「常識的な大人」でも、心の奥底にまで潜っていくことができたり、子供の頃の広い心や考え方や感じ方が甦ったりするものです。私にできることを精一杯やればいいんだと思えただけで、私の目の前の扉が開けて、ペドゥリート達のようにがんばれそうです。

最近は「いつも心に愛を」と思って生きています。愛を少し心において周りを見ると前ほどつらくはありません。

ありがとう　アミ♡

有美

〈現在（2016年）〉

先日、お手紙を頂きました有美と申します。ご連絡頂き、ありがとうございました。

現在は結婚して、主人と3歳の息子と暮らしています。実家の父から『手紙が届いてるよ』と連絡をもらい、開封をお願いしたところ、『15年前の感想文が入っているよ』とのこと。なぜだかすぐに、『アミの感想文だ!!』と思いました。お手紙を郵送してもらい、15年前の感想文を読んで、19歳の自分に再会することができました。つたない文章ながら、当時の自分を思い出しました。

さて、今までにアミがもたらしてくれた奇跡についてですが、私にとって一番大きかったのは、主人と出会い、結婚したことだったのではと思います。もし誰かに「どうして彼と結婚したのですか?」と問われることがあるとしたら、『一緒にいて愛を感じたから』と答えると思います。特別意識していたわけではありませんが、今考えれば、アミに教えてもらったごくごくシンプルだけどとても大切なことが、私の中でずっと残っていたのかもしれません。『愛を感じて生きる』ということを、いつも心に置いて暮らすことによって、大人になった私は、15年前のような生き辛さをそれ程感じなくなりました。

実は私のお腹には、今また新しい命がやって来てくれています。19歳の私が

『いつか結婚して、子供を産むことになるかもしれませんが、その時自分の子供が、愛がいっぱいつまった人間に育つようにがんばることも、すごくすごく大事なことに思えます』と自分で書いている通り、あの時アミが教えてくれた大切なことを胸に、これからも毎日を生きていきたいと思います。

アミに出会えた沢山の方の思いが詰まった、素敵な本が出来上がりますように

…心よりお祈り致します。

有美

〈17年前のファンレター〉

アミ3部作を読んで

私もペドゥリートやビンカと一緒にアミと宇宙にいるような気持ちになりながら楽しく読ませて頂きました。

ありがとうございます。


私は、小さな2人の子供を育てている母です。

導かれるようにこの本を手にしました。

そして知りたくて知りたくてあっという間に3冊とも読ませて頂きました。


私の中には、よい母やさしい母になろうと思う私と、イライラし子供を汚い言葉で怒鳴り落ち込む私と両方います。

この本を読んでいてちょうど未開文明が文明世界に入る時、全部の武器を捨てるシーンで、あぁ、私のこの手この口この体全部は、子供をたたいたり汚い言葉で怒鳴ったりする為に神様が下さったのではない。

子供を抱きよせなでる為に優しい言葉まなざしで包む為に神様が与えて下さっ

たのだと心から感じたのです。

そして私も私のこの武器を捨てようと決心でき子供達に、申し訳ない気持ちで涙がボロボロ出ました。

私の中には、アミの言葉を自然に受け入れることができるよい面と、そしてこれは自分でも見ないふりをして認めるのがいやで、そして人に指摘されるのがこわくてビクビクしていた部分、とても動物的な面があるのだとやっとはっきり認めることができました。

認めてしまうと不思議とたぶんこの動物的な面は捨てることができると確信できました。


アミが優しく導いてくれたおかげです。

ありがとうございます。


これからも何回も読み返すことと思います。

いつか子供達にも読んでもらおうと思っています。
大切に大切にします。
そしていつもアミがどこかで私にも笑ってくれているような気がするのです。
ありがとうございます。

フォレスト祥子(しょうこ)

〈現在(2016年)〉
封筒を見た時どなたかしら?　と思いましたが、ハートに羽のマークにアミ⁉
アミだ!　驚きわくわくで封を開けました。
これは、シンクロニシティでしょうか⁉　偶然にも私は、今またアミを読んでいてちょうどアミとペドゥリートとビンカでキアのクラトに会うところでした。

いつの間にか15年経っていたのですね。

15年経ってもアミの言葉は色あせることなく輝きを持って私の心に響いてきます。

小さかった子供達も、上の女の子は看護師として社会人になり、下の男の子はこれから始まる自分の人生を歩むために今、勉強をしています。

アミを読んでからの私の子育ては、大きな心の母になりたいのに、頭では、十分知っているのに、実践ではふとした時に出る言葉や態度で子供達に悲しい思いをさせたりしました。

その度に私もとても悲しくなりました。

でもいつもそんな時、アミから、宇宙の愛から私のまわりの人、本、事、音楽を通していろいろな形で応援のメッセージが届き助けてくれます（そう思えるのです）。

そしてまた、頑張れるのです。

おかげ様で2人とも周りの方と調和し良い友人に恵まれる子に育ってくれました。

これは、私にとってとても嬉しくありがたく、奇跡です。

アミが教えてくれた無限の宇宙の愛がいつも私達に届いているのを感じます。

1人でも多くの方が受け取っていることを感じたらいいなと思います。

私は、今、販売員をしています。

お店を訪れるお客様への「いらっしゃいませ」「ありがとうございます」「またのご来店お待ちしております」の言葉に愛をのせていきたいと思います。

私の心の奥の奥にある平和と愛を感じながらこれからもアミに感謝し暮らしていきます。

このような手紙を書かせて頂きありがとうございます。

たくさんの幸せがありますように。

フォレスト祥子

第三部　『エンリケ・バリオス　アミの世界』（徳間書店）より

石井編集長のかっとう（2002年当時）

アミの美しいメッセージが、日本でこれほど広まったのには、2人の恩人がいます。

1人は、訳者の石原彰二さん。石原さんは、当時もいまもスペイン人の奥さんとスペインにすむ画家さんです。『アミ 小さな宇宙人』を原語で読み、翻訳なんてしたことも、してみようと思ったこともないのに、これは、自分が翻訳して、日本で出版するのだという、強い使命感につきうごかされたといいます。アミに共鳴した日本にいる友人のHさんを通して、出版社に持ち込んでもらうことにしました。3つか4つの出版社で断られた後、翻訳原稿は、当時新橋の飲屋街の奥深く、スタジオジブリとトンデモ本とアサヒ芸能が共生する、徳間書店の旧社屋にもたらされたのでした。

応対した編集者は、そのとき、超知ライブラリーという、のちにトンデモ本とレッテルを貼られるシリーズの創刊におわれていました。創刊時だけで、10冊ほどもいっぺんに出版しなければならないプレッシャーに、押しつぶされそうだったのです。そんなとき、読んだアミのメッセージは、ひときわ編集者のこころをうちました。この本は、現代の「星の王子さま」だ。でも、自分は、いま、トンデモ本をつくっているのだ、えいっ！

というわけで、『アミ 小さな宇宙人』は、超知ライブラリーの創刊にあわせて、超知ライブラリーにふさわしいように、その姿を、日本の読書史にあらわしたのです。その評判がどうだったかには、あえて言及したくはありません。いいといってくれた人もいます。でも、編集者はこころの片隅に、いつもいつも後悔をかかえていました。アミには、もっとふさわしい、出版のかたちがあったはずだ。アミは、10年に1度、いや、100年に1度の大切な名作だったのに、なんていうことをしてしまったのだ！

と、ここで2人めの恩人の登場です。それは、もちろん、さくらももこさんです。さくらさんは、自ら編集長をつとめる雑誌『富士山』創刊号で、『アミ 小さな宇宙人』と『もどってきた アミ』を紹介、絶賛してくれたばかりか、『アミ 3度めの約束』の出版にあわせて、3冊すべてのカバー絵とさし絵をひきうけてくれたのです。

さくらさんが、ほかのだれかの本の絵をかくなんて、聞いたことがありません。何か、特別なことがおこったのです!!! 編集者のすくいがたかった後悔も、このときをさかいに、ついに癒されることに……。

そう、そう、3人めの、たいせつな、たいせつな恩人にお礼をいうのを忘れてました。アミを好きになってくださったみなさん、みんな、みんな、ほんとうにどうもありがとう。これからも、アミをすえながく、よろしく。

エンリケさんに質問

Q1　あなたの作品の多くに、まほうという言葉がよく使われます。それはなぜ？

A1　作品を通じて、読者に人類や宇宙の存在における人間の「進化」というものをうながしたいと考えているからです。

〝けもの〟から〝天使〟へと進化するためには、多くのステップを踏まなければなりません。この世には、害を与える人や、人間の崇高なる価値観に興味のない人だっています。反対に、日本のように、〝〜さま〟と、相手をとてもていねいに呼ぶ人々だって存在します。このように、人間の中にもたくさんの段階があって、最初のステップから二番目に進む――これが「進化」というものです。そのプロセスは、一生（といっても肉体の命という意味ですが）だけでは足らず、次の人生にもちこされます。
進歩の水準（レベル）が高い人々は、宇宙の偉大なるまほうと波長を合わせることができます。だからこそ、彼らは、「奇跡」とか「まほう」と呼べるような偉業を実現することができるのです。これまでにそうした偉業を残した人々はみな、わたしと同じようなことを話していますし、たぐいまれなる才能や驚異的な結果を残すことができたのです。そこで、わたし自身も人間が達成しうる崇高な意識の水準（レベル）と、その力について言及しているのです。

書くことを通して、読者がすでに自分の中に存在する力強いまほうを引き出すことができるように、お手伝いをしたいと考えています。だから、まほうという言葉がよく登場するのです。

Q2 まほうはあなたにとってどんな意味があるの？

A2 わたしにとってまほうとは、〝意識的に〟、ふつうの人にできないことを達成していく人間の能力といったらいいでしょうか。無意識にそうしていることはあるでしょう。でも、進歩水準の高い人なら、自分の意志で取り組んでいくことが可能です。なぜなら、その人がもっている意識が、ふつうの人とはまったくちがうからです。

ほんとうのことをいえば、わたしたちすべての人々が、ある意味まほう使いなのです。人生と呼ばれる冒険の中で、自分の内にある崇高な力を発揮しようとしています。もし、何かがうまくいったり、いかなかったりしたとき、そうなるように決めたのはわたしたち自身。ただ、無意識だったというだけなのです。

一般的には、この世界で、人々はしあわせより、不しあわせを選ぶような生き方をしています。なぜなら、わたしたちは、何世代にもわたって受け継がれてきた苦しみの産物にほかならないからです。そのせいで、無意識に、裕福さや自由や喜びに対して、自分の限界を決めてしまったり、「そんなの無理だよ」といったりするのです。

ほんとうのところ、すべては手の届くところにあります。なのに、人生がいつでも与えようとしているおくりものを、わたしたち自身が受け取ろうとしない――限界はわたしたちの頭の中に、頭が決めたプログラムの中に、定められているのです。それは、人間がその歴史の中でつくり上げてしまった結果といってもよいでしょう。すばらしい可能性を否定するのは宇宙ではありません。わたしたち自身なのです。

わたしにとってまほうとは、無意識に頭を支配するネガティブな考えから脱し、成功を信じること、「そう、すべては可能だ」という気もちに変わるための方法を学ぶこと、です。

わたしたちは今、新しい時代に向かっています（後述）。そして、以前は一部の門徒に限られていたさとりの奥義（おうぎ）などを学ぶ道も、今ではすべての人々に開かれています。わたしの作品は、新しい人間をつくりだすという大きな仕事の、ほんの一部をになっているにすぎません。新しい人間とは、よりすばらしい人生を歩み、新しく、おだやかで、やさしい地球の文明をつくるために、手をさしのべる人ということです。

Q3 あなたのいう「愛」とは？

A3 わたしの中には、小文字で始まる愛〝amor〟と、大文字で始まる愛〝Amor〟

が存在します。二つは同じ愛なのですが、程度や質、そして強さがまるでちがいます。

ヒョウが子どもを育てるのは、〝amor〟からですが、最終的には、子どもたちが成長すると、親ヒョウは足で一撃を加えたり、ひとかみしたりして、自分から遠ざけようとします。なぜなら、子どもたちに対する〝amor〟がなくなり、無関心になるからです。ときおり、サバイバルをめぐって、憎しみに変わることさえあります。

このような〝amor〟は、別の状況でも起こりえます。たとえば、「わたしのいう通りに彼が何でもしてくれたら、わたしは彼を愛するわ。でも、そうじゃなければ、きらいになるし、意地悪もする」というような場合です。これは、大文字で始まる〝Amor〟ではありません。ただ、〝Amor〟から派生したもの、ということはできるかもしれません。それは、太陽光と燐光（りんこう）の関係みたいなものです。〝Amor〟こそが太陽光、そして、〝amor〟は燐光です。

太陽が発する〝光〟の源を、わたしは神と呼んでいます。それこそ、すべての創造と崇高なる人生の意味が深くかかわっている場所ですから。

Q4　それは恋人や家族に対する感情と同じもの？

A4　もちろんですよ。この世にはたった一つの愛しかないのですから。ただ、すでに述べたように、程度や質、強さがちがうのです。ほとんどすべての人が、自動的に恋人や家族を愛するはず。それは、この惑星地球（ほし）が、その創造物すべてを愛するのと同じことだから。

しかし、このような愛は、何かに大きく貢献するわけでもなければ、特別進化した水準（レベル）ということでもありません。ごくありふれた〝amor〟です。かといって、とても低い水準（レベル）ということでもありません。

一方、だれかに危害を加えるような人までをも愛すること、すべての人類を愛し、人類のために具体的に行動すること、それが大文字で始まる〝Amor〟というものです。

Q5　キリスト教などでいう「愛」と同じもの？

A5 愛というものは、キリスト教、イスラム教、神道、ユダヤ教、仏教、ヒンズー教、そしてそのほか多くの宗教が生まれる前から存在しています。世界の偉大なるスピリチュアルな教えは、一人の人間が、わたしがここで述べている〝Amor〟を授かり、人々をその道へと導くところから始まっています。

その後、多くの人々(信徒)が現れ、宗教や形式や信仰を生み出し、最初は〝Amor〟というとても明確だったものを、複雑でややこしいものに変えてしまったのです。

Q6 「宇宙主義」とはどんなもの? 宗教とはちがうの?

A6 幸運なことに、宇宙主義と呼ばれる宗教は存在しません。なぜなら、宗教やセクターに形を変えると、宇宙はもともと存在している純粋さを失ってしまうからです。

スピリチュアルな視点で考えると、宇宙主義とは哲学であり、一部、すべての宗教に共通する「真理」が存在します。また、そのほか多くの真理が、さまざまな宗教にも共通しています。それゆえに、宇宙主義者はどんな宗教も選びませんが、すべての宗教を尊重し、もしその中で自分にとってためになる教えがあれば、積極的に取り入れていく自由をもっています。

また、世界が一つの国になることを目指す社会宇宙主義というものも存在し、わたしはこの考え方がとても好きです。

Q7 「双子の魂（ツインソウル）」についてくわしく教えてください。

A7 このテーマを歴史上初めて唱えたのはプラトンで、彼は、アトランティス大陸の存在についても言及しています。彼の説によると、二つの魂はもともと一つだったということです。つまり、人間は今のように二つの異なる存在、対極をなす二つの性的特徴に分かれていたわけではないというのです。

以前は、二つの特徴をもった単一体を形成していましたが、その後、別々に進化するために、はなればなれになったのです。そして、一定の進化をとげると、再び出会い、完全な姿に戻るために一つになると考えられています。多くの人が、「自分の半分が欠けている」と感じるのは、このためです。

この点について、ユング派の心理学では、プラトンとはまったくちがう考え方をしていますが、両者とも双子の魂について言及し、ある程度まで、お互いの学説を補うような書物を残しています。

Q８　「双子の魂」だと判断するポイントは？

A８　まだ、わたし自身に「双子の魂」が現れていないので、正直にいって、わかりません。

もちろん、何度か心が奪われてしまうような出会いはありましたが、わたしの光が不足しているのか、ほんとうの愛〝Amor〟と一時的な感情と区別することが難しいのです。これは、多くの人々にもある経験だと思います。

もし、まだ「双子の魂」に出会っていないとしたら、内面の次元を高めるとか、内に存在する闇の部分を取り除く必要があるということ。とにかく、まだ、何かをする必要があるのです。しかし、「双子の魂」と出会うことはそれほど単純なことではない、ということがわかっていればそれだけで十分ですよ。

これは、スピリチュアルに関することであり、半分に分かれた二つの無形な魂が再会することは、体の結びつき以上に重要なことなのです。そうと識別するためには、「双方の魂」の内面的な特徴を感じ取ることができなければいけません。

いっておきますが、明らかに腰のくびれや背中の広さなどは、まったく関係ありませんよ。それは、表面的で、外見にとらわれている多くの人々が探し求めているものより、ずっと繊細で、卓越したものなのです。

Q9 輪廻（前世・転生）を信じますか？

A9 わたしは意識の進化というものを信じています。しかし、もし、それが一つの人生の中で始まり、終わってしまうものなら、進化自体に何の意味もなくなってしまいます。もっとはっきりいえば、進化などありえないでしょう。そして、もし、進化が存在しないとしたら、人生はとても不公平だと思いませんか？　なぜなら、この世には恵まれて生まれてくる人もいれば、罪を背負って生まれてくる人だっているからです。わたしには、花を創造した神が、不公平な人だとは思えません。

何度も人生を繰り返しながら修行を重ねるという哲学を、わたしは信じています。そして、その修行を支配するのは「原因と結果の法則」です。『アミ　3度めの約束』で、おどけた調子で登場する「ブーメランの法則」と同じものです。

つまり、よしあしにかかわらず、宇宙に何かを投げこめば、同じものが自分に返ってくるということです。悪いことをすれば、自分が苦しいだけです。悪いと思ってやっていないことも多く、だからこそやってしまうということも。その後、自分の行為に対して結果がでます。自分がしたことが、そっくりそのまま返ってくるのです。

それに気づいてはじめて、自分の行いに対して注意深くなります。何がよいことかを理解するようになり、苦しむことも、また他人を苦しめるのも気もちいいものではないと考えるようになるのです。すると、ほんの少し、進化の水準（レベル）が上がりますが、まだ、修行は続きます。ある日、だれかに何かよいことをすると、自分にもいいことが起こるということに気づきます。そのようなプロセスを通して、何かよいことを行うことは、しあわせな気もちが続くための一つの方法だと確信するようになります。そして、さらに進化し、もっとしあわせを感じることができるのです。

たとえ、突然の死が襲ったとしても、人は何も失うことはありません。知恵というものは、ずっとその人の中に残るからです。新しいからだを見つけて（この小さな地球に限りません）、人生を続けながら、さらに学んでいくのです。

こうした考え方は、わたしにとって説得力があります。前の人生で懲罰を受けた人が、罪を背負って生まれてきて、現世でそのような生き方を改め、次の人生で二度と過ちを犯さないようになる——そう説明がつくではありませんか。これこそ、この世の中に賢者と愚か者の両方が存在する、唯一の理由ではないでしょうか。

すべてのプロセスは、愛という宇宙の基本法によって支配されています。最終的な目的は、人間が少しずつ、愛と知性に満ちた存在へと変化を遂げながら歩み、愛のまほうを使うことができるようになることです。

Q10　作品の中で、「振動の水準（レベル）を高める」という表現があります。「振動」とはどういう意味ですか？　振動を上げる方法ってあるの？

A10　振動したり、磁気を放射したり、すべての人が何かをからだから送っています。わたしたちの考えや感情が、振動やエネルギーを生み出していて、それには低い（闇）ものと、高い（光）ものとがあります。

もし、絶望していたり、怒っていたり、攻撃的だったり、恐怖を感じていたりすると、すべてにおいて振動数は低くなります。反対に、しあわせで、愛に満ちていれば、振動数は高いのです。

もしわたしたちがしあわせな状態、または、ふつうの状態で、多くの人が恐怖や怒りを感じているような場所に行くと、低いエネルギーに〝感化〟されて、気づかないうちに同じように恐怖や怒りを感じる状態に陥ってしまいがちです。磁気の法則が働いているからです。また、しあわせな人々が集まる場所に行けば、わたしたちも自然としあわせを感じるにちがいありません。

意識の進化水準(レベル)の高い人なら、ほとんど、どんなときでも自分を見失うことなく、周囲の振動状況に左右されないように努め、ポジティブな状態を保つことができます。水準(レベル)を高めるということは、暗い考えや感情を消し去り、自分の意志でポジティブな、または、振動数の高い状態にいようとすることです。これは、そう意識して、つねに練習すれば上達するものです。

Q11 あなたの作品の登場人物で、いわゆる振動の高い人はユーモアが旺盛です。それはなぜ?

A11 進化の水準(レベル)が高い人は、楽しくて、おもしろい傾向があるのではないでしょうか。それに、人生、時間、進化、永遠などに対して卓越した考えをもつ人は、この世界の一時的なことがらを、必要以上に真剣にとらえることはないし、冗談もよくいうものです。

健康的なユーモアは、遊びみたいなものです。ヒンズー教では、創造の崇高なる目的は〝リラ〟、つまり神の戯(たわむ)れであり、すごく陽気な宇宙の踊り子が、神の前で踊るようなものだといいます。

わたしたちは造物主をモデルとして、似たような姿をもって生まれています(聖書、創世記)。ところが、通常、わたしたちは内に存在する「自分」というものが眠った状態で、日々生活しています。そのため、何でも真剣に考えこみ、とるに足らないものにとらわれるあまり、崇高なる存在に対する感覚、つまり、まほうや遊びや喜び、愛を失ってしまうのです。

Q12 あなたはよく「天を仰いで、足は地に」といいます。一方、エゴはわたしたちの精神的な成長のさまたげになることがよくあります。どのようにバランスをとればよいでしょうか?

A12 もし、天を仰ぎ(はっきりとした理想が見えていて)、足が地についているなら（そのために何か行動していけば）、調和がとれているわけですから、エゴが入りこむ余地はありません。天を仰ぐことがなければ、気まぐれなエゴが入りこんで、足もぐらついてしまうでしょう。

いつも、自分のことを観察し、問いただしてみることが大切です。「今、やろうとしていることは、自分が見つめている天にふさわしい行為だろうか？」と。

『さくらももこ編集長　富士山』第1号（新潮社）で
さくらももこさんがアミを紹介してくれたことから、
アミのブレイクが始まった……

あとがきにかえて

愛とは意識の繊細（デリケート）な一成分のことである
それは存在の深い意味を教えてくれる
愛はゆいいつの合法的な〝麻薬〟でもある
まちがって、愛が生み出すものを酒や麻薬にさがすひともいる

愛は人生においてもっとも必要なものである
賢者はその秘密を知っていて、ただ〝愛〟だけをさがした
ほかのひとはそれを知らないから〝外〟ばかりをさがした
どうやったら愛が手に入るかって？

愛は物質でないから、どんな技術も役に立たない
それは思考や理性の法には支配されていない
愛を手に入れるには、まず愛が感情でなく、存在であるということを知ることだ
愛とはなにものかであり、実在している、生きている精神である

だから、われわれのなかで目ざめるとわれわれに幸福を、そしてすべてのものをもたらすもの

どうしたら愛がくるようにできるのか？
まずさいしょに存在していることを信じること
（愛は見ることは出来ない、ただ感じるだけだから）
（それを神と呼ぶ人もいる）

それができたら、心の奥にある住まい、つまりハートにさがすことだ
それはすでにわれわれの中にいる。呼ぶ必要はない

きてもらうように願うのではなく、ただ自由に出るようにさせること
ひとにそれをあたえてやるようにすることだけだ

愛とは求めるものではなく、あたえるものなのだ
どうやったら愛が手に入るかって？

愛をあたえることによって
愛することによって

（『もどってきた　アミ』より）

＊＊＊＊＊＊＊

これは、老人クラトが私たちに教えてくれる「愛を手に入れる方法」です。

もしかすると、愛とは何か、わからなくなることもあるかもしれません。

そんなときは、私たちのハートにある、自分や誰かを温かく思う気持ち、誰かや何かを素敵だなとか綺麗だなとか美しいなと素直に思う気持ちを思い出しましょう。

そのとき、あなたは、あなた自身の中にはっきりと愛の存在を確認できるでしょう。

愛がわからなくなっても、愛の実践ができないときがあっても、

愛とは何かを探して生きようとする、それだけで、十分です。

そのことさえ忘れなければ、私たちは、愛にあふれた美しい人生を生きていけるのです。

そしていつか、アミたちに出会える日が来るでしょう。

その日を楽しみにしながら、毎日の生活を愛で満たせるよう、大事に生きていきましょう。

奥平　亜美衣

奥平亜美衣　おくだいら あみい

1977年、兵庫県生まれ。お茶の水女子大学卒。
大学卒業後、イギリス・ロンドンに約半年、インドネシア・バリに約４年滞在し、日本へ帰国。ごく普通の会社員兼主婦生活をおくっていたが、2010年に書籍『アミ 小さな宇宙人』（徳間書店）に出会ったことで、スピリチュアルの世界に足を踏み入れる。その後、2012年に『サラとソロモン』（ナチュラルスピリット）と出会い、「引き寄せの法則」を知る。本の内容に従って、「いい気分を選択する」という引き寄せを実践したところ、現実が激変。その経験を伝えるべくブログを立ち上げたところ、わかりやすい引き寄せブログとして評判になり、約１年で出版という夢を叶えることに。
2014年より作家。初の著書『「引き寄せ」の教科書』（Clover 出版）はじめ、著書は次々とベストセラーとなり、累計部数は92万部を突破。2019年初の小説および翻訳本上梓。
2022年、高タンパク・メガビタミンにより、身体の不調がすべて改善。その後、自身がプロデュースする α -PROTEIN を発売。心身ともに本当の意味で人を幸せにすることをいろんな形で伝えていきたい、これが、今回の人生のテーマ。
★公式 LINE　https://lin.ee/xGGuQwj
★公式 X　www.x.com/amy_okudaira

曽根史代　そね ふみよ／龍依〜Roy　ロイ

光次元チャネラー。スピリチュアルカウンセラー。魂のお医者さん。ヒプノシップ クリスタルハート代表。アミプロジェクト代表。

日本女子大学卒。

2023年に八ヶ岳南麓に移住。心・体・魂を整える『ヒプノシップ クリスタルハート』を主宰。多次元を行き来し、光の次元の存在たち（アセンデッドマスター、シリウスやリラなどの宇宙人達、龍神や鳳凰など他多数）からのアクセスを受け、新しい地球の為の大切な情報を伝える。

高次（光次）情報を混じり気なく言葉に変換するチャネル能力で、個人セッションを行う。

魂の成長をサポートし続け、台湾の高名な霊能者から「魂のお医者さん」と命名される。

光次元から覚醒音楽をダウンロードし、CD「B Sirius」「Visionary」をリリース。一人ひとりの内なる宮を開き、光の柱をたてる役目も行う。光次元から届いた情報をもとにした「松果体覚醒ワークショップ」、歌と舞でハートを開きあなたを生きる「ひふみよ〻音楽舞瞑想会」などが人気。著書『〈龍の御使い〉ドラゴンライダー　龍神からの光次元メッセージ』『超直感力の目覚め　流　光次元リーディング』他。（ともにヒカルランド）。

雑誌アネモネ（ビオ・マガジン）にて、光次元の仲間たちが語る銀河の今昔物語「龍依さんのステラノート」長期連載中。
★インスタグラム：instagram.com/roy_ch_uni
★ウェブサイト：ヒプノシップ クリスタルハート　http://www.hypnoship.com/

本作品は、2018年８月にヒカルランドより刊行された『ありがとう、アミ。』の新装版です。

〔新装版〕ありがとう、アミ。
『アミ 小さな宇宙人』ファンブック

第一刷 2024年1月31日

著者 奥平亜美衣
曽根史代(Roy)
アミのファンのみなさま

発行人 石井健資
発行所 株式会社ヒカルランド
〒162-0821 東京都新宿区津久戸町3-11 TH1ビル6F
電話 03-6265-0852 ファックス 03-6265-0853
http://www.hikaruland.co.jp info@hikaruland.co.jp
振替 00180-8-496587

本文・カバー・製本 中央精版印刷株式会社
DTP 株式会社キャップス
編集担当 伊藤愛子

ISBN978-4-86742-340-0

「龍神ブレンド」は、昔から瞑想に使われキリストにも捧げられた神聖な精油も使用した魅惑的な香りが特徴。強い浄化力があり、太古の地球が持っていた大地の力強さ、強い息吹を感じる香りとなっています。空間浄化・消臭・瞑想前に。また、不要な思考を断ち切りたい、グラウンディング力を高めたい時にもどうぞ。「鳳凰ブレンド」は、お釈迦様が菩提樹の花の香りで悟りを開いたと言われる精油も使用し、明るさと豊かさに満ちた爽やかな香りが特徴。精神に安定をもたらし、恐れから遠ざけていきます。しなやかな強さがほしい時、周りの人に柔らかく接したい時にもオススメです。

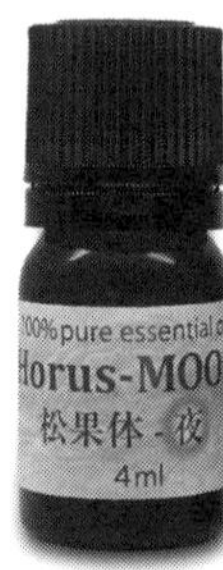

Horus-SUN松果体ー昼 &
Horus-MOON松果体ー夜

■ 2本セット　9,800円(税込)

●内容量：各4㎖　●成分：[昼]精油（オレンジ、ペパーミント、カルダモン、ほか）[夜]精油（ラベンダー、ジュニパー、クラリセージ、ほか）　●使用方法：「昼」は朝の目覚めや日中に、リフレッシュや1日の活力アップとして。「夜」は就寝前や夕刻に、リラックスのほか、ハイヤーセルフとの繋がりや統合、肉体次元の解放の助けとして。試香紙（ムエット）などの紙に数滴たらして香りを楽しむのもオススメです。

※単体での販売はお受けできません。※肌につける、口に入れるなど芳香以外の目的で使用しないでください。 ※室内にケージやカゴ内で飼育している小動物がいる場合、ディフューザーを使って強く芳香させることはお控えください。 ※香りは原料となる植物の産地や採取時期によって違いが生じる場合があります。

天地神 TenChiJin
アロマルームスプレー

■ 龍神ブレンド　6,200円（税込）
■ 鳳凰ブレンド　6,200円（税込）

●内容量：各60㎖　●成分：[龍神ブレンド]水（精製水）、植物発酵エタノール、精油（乳香、セージ、セイヨウネズ、ほか）[鳳凰ブレンド]水（精製水）、植物発酵エタノール、精油（西洋菩提樹、ヒノキ、ビターオレンジ、ほか）

※肌につける、口に入れるなど芳香以外の目的で使用しないでください。 ※香りは原料となる植物の産地や採取時期によって違いが生じる場合があります。

【お問い合わせ先】ヒカルランドパーク

本といっしょに楽しむ イッテル♥ Goods&Life ヒカルランド

香りは命！ 龍依～Royさん&Naruraさんによる 究極の光次元100%アロマオイルが登場！

Roy さん（左）と Narura さん（右）

光次元チャネラー龍依～Roy さん自ら、光次元からダウンロードすることで選ばれた香り豊かなエッセンシャルオイル。それを天然アロマデザイナーとして活躍中の Narura さんが丁寧に調香し、長い試行錯誤の上完成したのが、松果体を覚醒へと導くアロマオイル「Horus-SUN／MOOM」とスプレータイプの「天地神」です。天然の香りにこだわり、一般的なアロマでは混ぜることのない高価な精油も贅沢にブレンドした、ここだけのオリジナル品です。光次元から選ばれた香りが放つ波動は、嗅覚から脳へとあなたを優しく包みこんでいくことでしょう。

◎ DNA を修復し活性化！ 松果体を覚醒させる2つの香り

松果体を司る古代エジプトのホルス神が携える太陽（ホルス神の右目）と月（ホルス神の左目）のエネルギー。松果体の覚醒にはどちらのエネルギーも重要となります。そこで、龍依～Roy さんは松果体覚醒へと導くエッセンシャルオイル（精油）を光次元からダウンロード。太陽→「昼」、月→「夜」として2つのアロマを用意しました。

「昼」は脳内に光次元の明かりのスイッチを入れ、その波動が松果体を起こし、眠っていた DNA に活力を与えていきます。「夜」は松果体覚醒に必要な深い癒しと鎮静をもたらし、そのリラックス効果の中で不要なものを手放し、DNA の修復と松果体の再生を促していきます。時間によって「昼」「夜」の香りを使い分け、両方の香りに満たされていくことで、体のスイッチ・オンがしっかりとでき、松果体はさらに覚醒していきます。

◎ 龍神や鳳凰と繋がる⁉ 空間用アロマルームスプレー

龍神、鳳凰と繋がることができる香りを、光次元からダウンロードして調香。自分自身や空間をグレードアップできるアロマスプレーが完成しました。実際に調香師の Narura さんのお母さんは、「龍神ブレンド」の香りを嗅いだ後にリアルな龍神が夢に出てきたそうです。

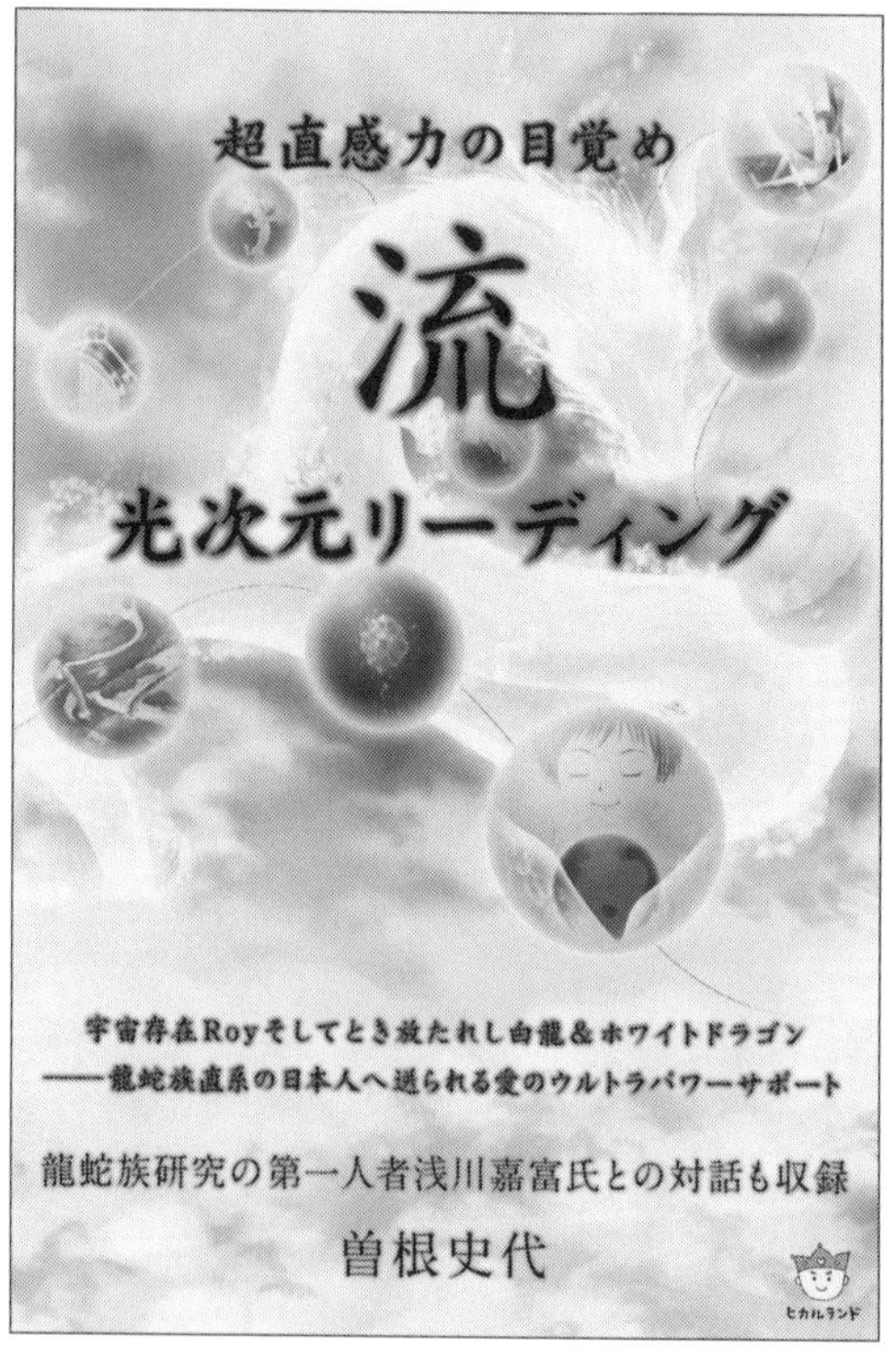
超直感力の目覚め
流
光次元リーディング
宇宙存在Royそしてとき放たれし白龍＆ホワイトドラゴン
――龍蛇族直系の日本人へ送られる愛のウルトラパワーサポート
龍蛇族研究の第一人者浅川嘉富氏との対話も収録
曽根史代
ヒカルランド

《龍の御使い》
ドラゴンライダー
龍神からの「光次元」メッセージ
著者：曽根史代（龍依〜Roy）
四六ソフト　本体 2,000円+税

不思議・健康・スピリチュアルファン必読！
ヒカルランドパークメールマガジン会員とは⁇

ヒカルランドパークでは無料のメールマガジンで皆さまにワクワク☆ドキドキの最新情報をお伝えしております！　キャンセル待ち必須の大人気セミナーの先行告知／メルマガ会員だけの無料セミナーのご案内／ここだけの書籍・グッズの裏話トークなど、お得な内容たっぷり。下記のページから簡単にご登録できますので、ぜひご利用ください！

◀ヒカルランドパークメールマガジンの登録はこちらから

ヒカルランドの新次元の雑誌「ハピハピ Hi-Ringo」
読者さま募集中！

ヒカルランドパークの超お役立ちアイテムと、「Hi-Ringo」の量子的オリジナル商品情報が合体！　まさに“他では見られない”ここだけのアイテムや、スピリチュアル・健康情報満載の１冊にリニューアルしました。なんと雑誌自体に「量子加工」を施す前代未聞のおまけ付き☆持っているだけで心身が“ととのう”声が寄せられています。巻末には、ヒカルランドの最新書籍がわかる「ブックカタログ」も付いて、とっても充実した内容に進化しました。ご希望の方に無料でお届けしますので、ヒカルランドパークまでお申し込みください。

量子加工済み♪

Vol.5 発行中！

ヒカルランドパーク
メールマガジン＆ハピハピ Hi-Ringo お問い合わせ先

- お電話：03－6265－0852
- FAX：03－6265－0853
- e-mail：info@hikarulandpark.jp

・メルマガご希望の方：お名前・メールアドレスをお知らせください。
・ハピハピ Hi-Ringo ご希望の方：お名前・ご住所・お電話番号をお知らせください。

みらくる出帆社
ヒカルランドの

イッテル本屋

ヒカルランドの本がズラリと勢揃い！

みらくる出帆社ヒカルランドの本屋、その名も【イッテル本屋】。手に取ってみてみたかった、あの本、この本。ヒカルランド以外の本はありませんが、ヒカルランドの本ならほぼ揃っています。本を読んで、ゆっくりお過ごしいただけるように、椅子のご用意もございます。ぜひ、ヒカルランドの本をじっくりとお楽しみください。

ネットやハピハピ Hi-Ringo で気になったあの商品…お手に取って、そのエネルギーや感覚を味わってみてください。気になった本は、野草茶を飲みながらゆっくり読んでみてくださいね。

〒162-0821 東京都新宿区津久戸町3-11 飯田橋 TH1ビル7F　イッテル本屋

自然の中にいるような心地よさと開放感が
あなたにキセキを起こします

元氣屋イッテルの1階は、自然の生命活性エネルギーと肉体との交流を目的に創られた、奇跡の杉の空間です。私たちの生活の周りには多くの木材が使われていますが、そのどれもが高温乾燥・薬剤塗布により微生物がいなくなった、本来もっているはずの薬効を封じられているものばかりです。元氣屋イッテルの床、壁などの内装に使用しているのは、すべて45℃のほどよい環境でやさしくじっくり乾燥させた日本の杉材。しかもこの乾燥室さえも木材で作られた特別なものです。水分だけがなくなった杉材の中では、微生物や酵素が生きています。さらに、室内の冷暖房には従来のエアコンとはまったく異なるコンセプトで作られた特製の光冷暖房機を採用しています。この光冷暖は部屋全体に施された漆喰との共鳴反応によって、自然そのもののような心地よさを再現。森林浴をしているような開放感に包まれます。

みらくるな変化を起こす施術やイベントが
自由なあなたへと解放します

ヒカルランドで出版された著者の先生方やご縁のあった先生方のセッションが受けられる、お話が聞けるイベントを不定期開催しています。カラダとココロ、そして魂と向き合い、解放される、かけがえのない時間です。詳細はホームページ、またはメールマガジン、SNSなどでお知らせします。

元氣屋イッテル（神楽坂ヒカルランド　みらくる：癒しと健康）
〒162-0805　東京都新宿区矢来町111番地
地下鉄東西線神楽坂駅２番出口より徒歩２分
TEL：03-5579-8948　メール：info@hikarulandmarket.com
不定休（営業日はホームページをご確認ください）
営業時間11：00～18：00（イベント開催時など、営業時間が変更になる場合があります。）
※ Healing メニューは予約制。事前のお申込みが必要となります。
ホームページ：https://kagurazakamiracle.com/

元氣屋イッテル
（神楽坂ヒカルランド みらくる：癒しと健康）
大好評営業中!!

宇宙の愛をカタチにする出版社　ヒカルランドがプロデュースしたヒーリングサロン、元氣屋イッテルは、宇宙の愛と癒しをカタチにしていくヒーリング☆エンターテインメントの殿堂を目指しています。カラダやココロ、魂が喜ぶ波動ヒーリングの逸品機器が、あなたの毎日をハピハピに！　AWG、音響チェアなどの他、期間限定でスペシャルなセッションも開催しています。まさに世界にここだけ、宇宙にここだけの場所。ソマチッドも観察でき、カラダの中の宇宙を体感できます！　専門のスタッフがあなたの好奇心に応え、ぴったりのセラピーをご案内します。セラピーをご希望の方は、ホームページからのご予約のほか、メールで info@hikarulandmarket.com、またはお電話で03-5579-8948へ、ご希望の施術内容、日時、お名前、お電話番号をお知らせくださいませ。あなたにキセキが起こる場所☆元氣屋イッテルで、みなさまをお待ちしております！